a
c

1. Kapitel Flechten, knüpfen, weben

Gewickelte Fäden 6
Halsschmuck 6
Quasten, Pompons, viele Schnüre und Bänder 9
Rundflechten 14
Schnüre drehen, knüpfen und knoten 17
Fransen knüpfen 19
Wollpüppchen und Klettermaxe 21
Fäden legen und kleben 25
Flächen knüpfen – Teppiche 28
Weben 30
Bindungen 31
Weben mit mehreren Farben 35
Gewebte Teppiche 35
Taschen 36
Freies Weben 38
Porträt meines Freundes 38
Bildteppich 38
Erinnerung an einen Spaziergang 41
Weberei mit Naturmaterial 41
Rundweben – Strahlenweberei 41
Große Taschen 41
Kleine runde Tasche und Untersetzer 44

2. Kapitel Häkeln

Material und Arbeitsmittel 46
Handhaltung 47
Die Maschenarten: Luftmaschen, feste Maschen, Stäbchen 49
Muster 53
Ösen und Zäckchen 55
Geflochtener Gürtel mit Tasche 55
Stirnband mit verkreuzten Bändern 56
Bunte Schultertasche 57
Gehäkelte Formen 59
Topflappen 62
Hausschuhe 63
Puppenjäckchen 65
Ballnetz 66
Stirnbänder und Müffchen 67
Weste im Ringelmuster 69
Schals und Mützen 72
Puppenkleid 73
Puppenschal und Puppenmütze 76
Puppenpullover 79
Sonnenpulli für dich 81
Runde Formen 83
Spitzendeckchen 86
Netzmütze und Täschchen 87
Kragen aus feinem Garn 89
Kleidung für Puppenstubenpüppchen 90
Noch einmal Puppenmode 95
Einsätze und Börtchen 98

3. Kapitel Stricken

Material und Arbeitsmittel 101
Maschenanschlag 101
Erste Strickübungen:
Rechte Maschen 103
Linke Maschen 104
Glatt rechts stricken 105
Erste Muster 105
Seitliche Ränder 106
Abnehmen und zunehmen 107
Puppenkopftuch 109
Das Rundstricken 110
Schal und Schultertasche und Mütze für Puppen 111
Hund und Katze 114
Rock und Hose für kleine Puppen 117
Schlafsack fürs Baby 117
Babyhäubchen 119
Babyjäckchen 120
Hose für Puppenjungen 123
Puppenponcho 124
Plisseerock für Puppen 127
Blüschen im Lochmuster 128
Westover im Streifenmuster 131
Puppenpullover 133
Dicke Wintersocken 134
Fausthandschuhe 137
Muster für Fortgeschrittene 139
Zusammennähen von gestrickten Teilen 141
Register 143

Verlag für die Frau

Aus bunten Fäden

Handarbeitsbuch für Kinder
von Margarete Frost

Die Arbeiten im ersten Kapitel entwarf und fertigte Gisela Wunderlich, die Modelle auf den Seiten 56, 67 bis 72, 87, 90 bis 97 Ingrid Völkel. Hannelore Reinhardt-Fischer und Konstanze Neumann-Gast gestalteten das Buch. Sie trugen die vielen Spielsachen und all das andere Zubehör zusammen und ordneten das Ganze für die Bilder. Heinz Schütze fotografierte. Die Kinder fotografierte Margot Börner.

Frost, Margarete:
Aus bunten Fäden: Handarbeitsbuch für Kinder/von Margarete Frost. – 1. Aufl. – Leipzig: Verlag für die Frau, 1986. – 144 S.: Ill. (farb.)
ISBN 3-7304-0071-1

ISBN 3-7304-0071-1

1. Auflage

Druckgenehmigung: 126/405/9/86
Lichtsatz: INTERDRUCK Graphischer Großbetrieb Leipzig – III/18/97
Druck und buchbinderische Verarbeitung: Sachsendruck Plauen
Printed in the German Democratic Republic
LSV 7891
Best.-Nr. 672 518 9
01580

1. Kapitel

Flechten, knüpfen, weben

GEWICKELTE FÄDEN

In den folgenden Abschnitten zeigen wir, wie du aus bunten Fäden Schmuck für Stirn, Hals, Arme und hübsche Gürtel für Pullover, Hose und Kleid in Wickeltechnik herstellen kannst. Die verschiedensten Fadenreste lassen sich dazu verwenden: von feiner Nähseide bis zu dicker Wolle, selbst Bindfaden, Bast oder dünne Schnur eignen sich für Wickelarbeiten.
Alle Farben sind denkbar: einfarbige Gürtel, buntgeringelte Armreifen, Halsschmuck in kräftigen Farben oder „Ton in Ton“ gehalten. Du überlegst bei der Wahl der Farben nur, zu welchem Kleidungsstück dein Schmuck passen soll.
Es ist auch möglich, rauhe und glatte, stumpfe und glänzende Fäden miteinander zu verarbeiten.
Mit Bummeln, einzelnen Perlen oder Fransen kannst du die Wickeleien zusätzlich schmücken.

HALSSCHMUCK AUS FARBIGEN FÄDEN

Du brauchst dazu:
mehrere farbige Wollfäden,

Näh- und Stopfnadel,
Nähgarn.
Miß ab, wie lang du die Halskette haben möchtest. Schneide die Fäden gleichlang. Die Anzahl richtet sich nach der Fadenstärke und danach, wie dick du den Schmuck haben möchtest.
Wir haben für unser Beispiel 30 sehr feine Wollfäden genommen.
Die Fadenenden schneidest du schräg und legst sie 5 cm übereinander. Mit feinem Nähgarn nähst du die übereinandergelegten Fadenenden zusammen.
Nun beginnt das Wickeln:
Zuerst wird die Nähstelle fest umwickelt, damit die Fadenenden richtig befestigt sind. Den Anfang des Wickelfadens legst du 2 cm um und wickelst ihn mit ein. Wenn die Nähstelle fertig umwickelt ist, mußt du den Faden verstechen. Stich ein paarmal von rechts nach links durch die „Wickelstelle“ hindurch.
An beliebig vielen Stellen umwickelst du anschließend die farbigen Fäden, ebenso wie du es an der Nähstelle gemacht hast. Wie oft du den Wickelfaden herumschlingst, bleibt dir überlassen. Die Wicklungen können unterschiedlich lang sein. Vergiß aber nicht, den Faden umzulegen, bevor du wickelst, und ihn am Ende gut zu verstechen.
Besonders hübsch sieht es aus, wenn du das Fadenbündel erst einmal verdrehst, bevor du an der nächsten Stelle wickelst. Dadurch kommen die verschiedenen Farben der Wollfäden besser zur Geltung.
Für einen *Gürtel* sollten die Fäden etwa 1,20 m lang sein. Die erste und die letzte Wickelstelle liegen jeweils 5 cm vom Ende entfernt. Die Fadenenden bilden die Gürtelfransen. Wie du die übrigen Wickelstellen

auf dem Gürtel verteilst und wie oft du wickelst, kannst du entscheiden. Die Wahl der Farben richtet sich danach, zu welchem Kleidungsstück der Gürtel passen soll.

ARMREIFEN

Du brauchst dazu:
20 cm dicke Schnur (Bindfaden),
farbige Wollreste,
Nähgarn,
Näh- und Stopfnadel.
Schneide die Enden der Schnur schräg. Lege sie 2 cm übereinander und nähe die Enden mit Nähnadel und Nähgarn zusammen. Prüfe, ob der „Reifen" gut über deine Hand paßt. Er darf auch nicht zu groß sein, sonst verlierst du ihn!
Dann beginnt das Wickeln: 2 cm vom Fadenende werden umgelegt und mit überwickelt. So wird das Fadenende befestigt.

☛ MERKE: *Fest und gleichmäßig wickeln. Die Schnur, die Unterlage, darf man bei der fertigen Arbeit nicht sehen.*

Beginnst du mit einem neuen Faden, dann legst du das Ende des ersten Fadens längs auf die Schnur und daneben den Anfang des neuen Fadens. Beide werden mit eingewickelt und auf diese Weise befestigt. Hast du den Reifen ringsum dicht umwickelt, wird der letzte Faden mit der Stopfnadel gut verstochen, damit deine Arbeit sich nicht wieder aufwickelt.
In gleicher Weise kannst du auch einen *Halsschmuck* oder ein *Stirnband* arbeiten. Die Schnur für den Halsschmuck muß mindestens so lang sein, daß dein Kopf bequem hindurchpaßt. Für das Stirnband mißt du die Schnurlänge nach deinem Kopfumfang ab. Vergiß aber nicht, 2 cm zuzugeben, damit du die Schnurenden (schräg anschneiden!) übereinanderlegen und zusammennähen kannst.

HALSSCHMUCK MIT VERSCHLUSS

Du brauchst dazu:
55 bis 60 cm Gummischlauch (etwa ½ cm Durchmesser),
Nähseide in mehreren Farben oder farbiges Wollgarn,
Druckknopf,
Nähnadel,
Alleskleber.
Viel Geduld mußt du haben, wenn du für diese Wickelarbeit Nähseide verwenden möchtest. Es dauert schon einige Stunden, bis du den langen Schlauch ganz dicht umwickelt hast. Das solltest du bei der Fadenwahl bedenken. Freilich sieht der mit Nähseide in fein abgestuften Rot- und Brauntönen gewickelte Halsschmuck auch besonders gut aus und wäre sicher auch ein schönes Geschenk (↑ Abb. Seite 8).
Mit farbigem Wollgarn geht es auf jeden Fall schneller!
So wird der Verschluß gemacht: Ziehe durch jedes kleine Loch in beiden Druckknopfhälften je einen Faden. Verknote ihn. Verschneide ihn so, daß 3 cm lange Fadenenden stehenbleiben (↑ Abb.). Lege eine Druckknopfhälfte auf das Schlauchende. Die Fadenenden legst du längs auf den Schlauch und befestigst sie mit ein wenig Alleskleber. Laß den Kleber trocken werden.
Nun beginnt das Umwickeln des Schlauches: Lege den Anfangsfaden 2 cm um. Alle Fadenenden werden beim Umwickeln befestigt, so daß die Druckknopfhälfte fest sitzt. Immer wenn du einen neuen Faden nehmen willst, legst du das Fadenende 2 cm um und

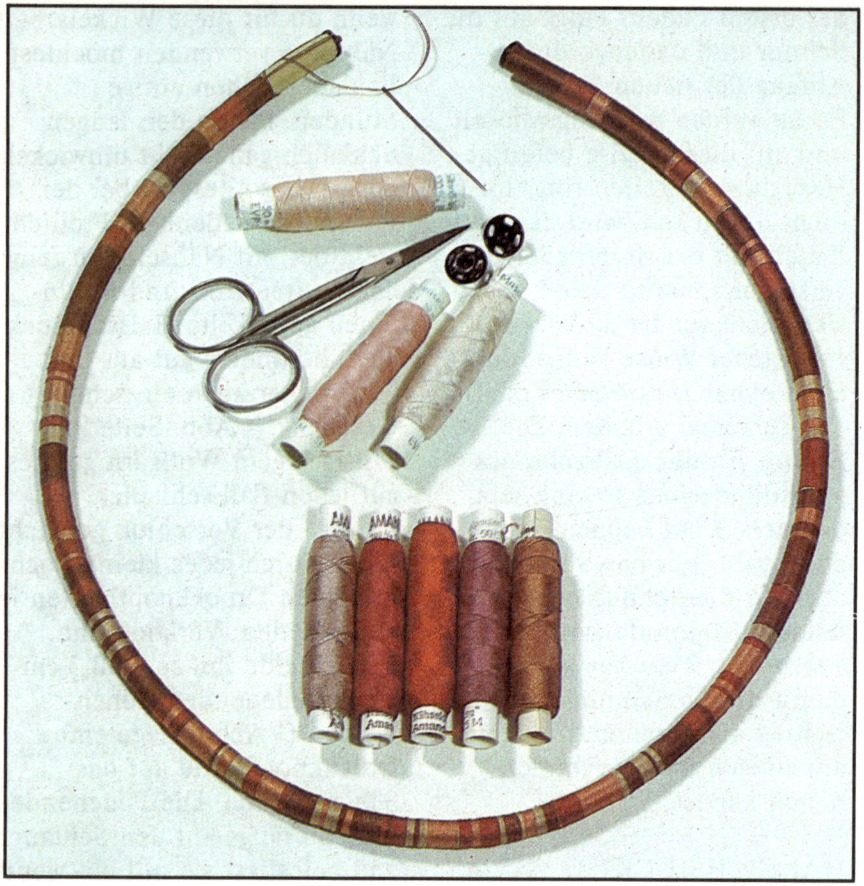

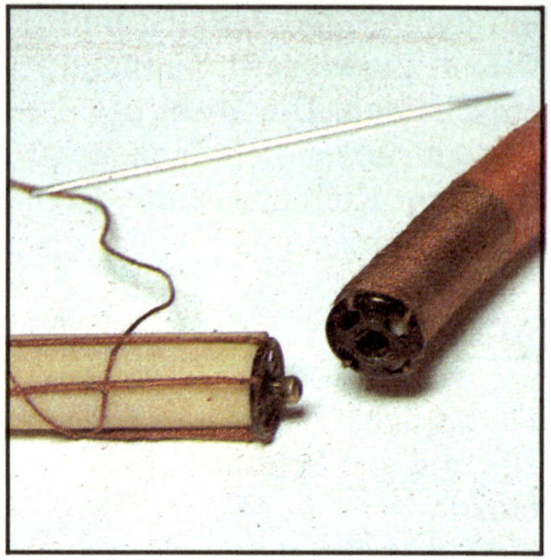

umwickelst es zusammen mit dem Ende des vorigen Fadens. Bist du mit dem Wickeln fast fertig, etwa 4 cm vor dem Schlauchende, wird der Verschluß fertiggestellt. Lege die zweite Druckknopfhälfte auf das Ende des Schlauches. Befestige die 3 cm langen Enden der verknoteten Fäden mit Alleskleber am Schlauch und umwickle das übrige Schlauchstück. Den letzten Arbeitsfaden mußt du gut verstechen. Stich von rechts etwa 5 cm durch die Umwicklung und schneide dann erst den Faden ab.

HALSSCHMUCK MIT BETONTER MITTE

Du brauchst dazu:
75 cm 3fädige dicke Schnur,
farbiges Wollgarn,
Nähgarn,
Näh- und Stopfnadel,
Alleskleber.
An einem Ende der Schnur

drehst du die drei Fäden etwa 17 cm lang auseinander. Von einem Faden schneidest du 5 cm ab, vom zweiten nur 3 cm, der dritte wird nicht gekürzt. Schneide die drei Fadenenden und auch das Ende der Schnur schräg. Betupfe die Enden mit Alleskleber. Lege das Schnurende und die drei Fadenenden 2 cm übereinander und nähe sie mit Nähgarn fest zusammen. Nun wird gewickelt. Zuerst kommen die drei Einzelfäden dran. Wir haben einen mit gelbem, den anderen mit orangefarbenem und den dritten mit rotem Wollgarn umwickelt. Zum Umwickeln der übrigen Schnur nahmen wir auch rotes Wollgarn. Die Stellen links und rechts von der dreifädigen Mitte werden mehrfach umwickelt. Wir nahmen dazu grünes Wollgarn. Diese Stellen könntest du auch mit Holzperlen schmücken, die du aber schon auffädeln mußt, bevor du die Schnurenden aufeinandernähst und mit dem Wickeln beginnst.

QUASTEN, POMPONS, VIELE SCHNÜRE UND BÄNDER

QUASTE

Du brauchst dazu:
1 große Holz- oder Plastperle,
1 Plasttrinkröhrchen,
Pappe,
Wollrest,
1 Stopfnadel.

Stecke die Perle auf das Trinkröhrchen, lege unten einen etwa 8 cm breiten Pappstreifen an. Die Breite richtet sich nach der gewünschten Fransenlänge der Quaste.
Jetzt beginnst du zu wickeln. Führe den Faden über die Perle und über den Pappstreifen, so oft, bis die Perle ganz bedeckt ist. Beim Wickeln mußt du die Arbeit ab und zu drehen. Achte darauf, daß du gleichmäßig wickelst (↑ Abb. Seite 10, oben). Den Arbeitsfaden in etwa 50 cm Länge abschneiden, einfädeln, dicht über der Perle durchstechen und die durch das Wickeln entstandene Spitze oberhalb der Perle fest umwickeln. Unterhalb der Perle umwickelst du die Fäden ebenfalls fest und verstichst dann den Arbeitsfaden. Ziehe den Pappstreifen heraus, schneide die Fransen auf gleichmäßige Länge und bringe oben eine Schnur an.

QUASTE MIT VERZIERUNG

Du brauchst dazu:
1 große Holzperle,
1 Trinkröhrchen,
1 Ring aus Plast oder Metall (Schlüsselring),
Wollrest,
1 Stopfnadel (↑ Abb. Seite 10).

Stecke die Perle auf das Trinkröhrchen und umspanne sie gleichmäßig mit Fäden, etwa 15, aber auf jeden Fall in ungerader Zahl. Dann webst du ringsum durch die Spannfäden, bis die Perle nicht mehr zu sehen ist. Bespanne nun den Ring mit Fäden. Führe den Faden in „Achtertouren“ von oben nach unten so über den Ring, daß sich die Spannfäden in der Mitte kreuzen. Nach jeder Achtertour wickelst du den Faden zweimal um den Ring. Ist der Ring fertig umwickelt und überspannt, führst du

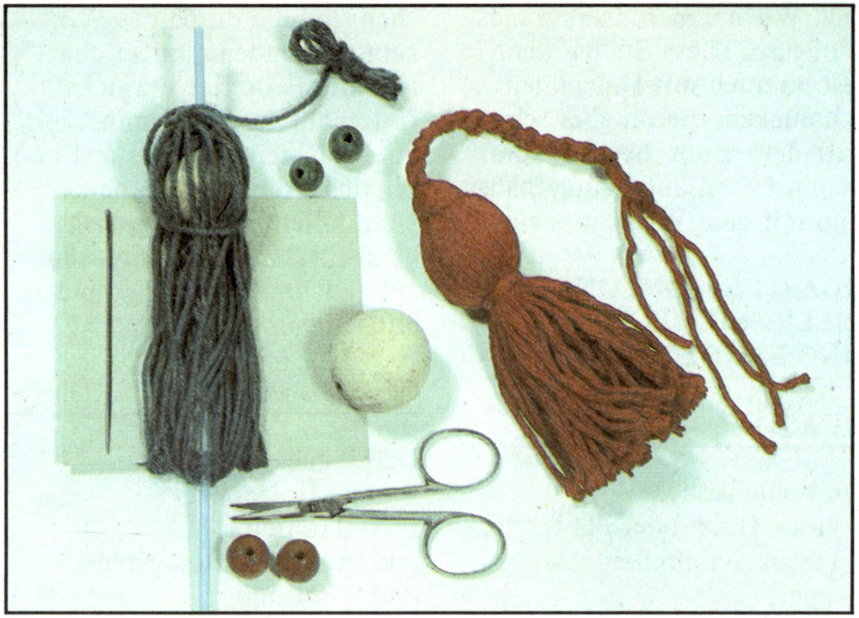

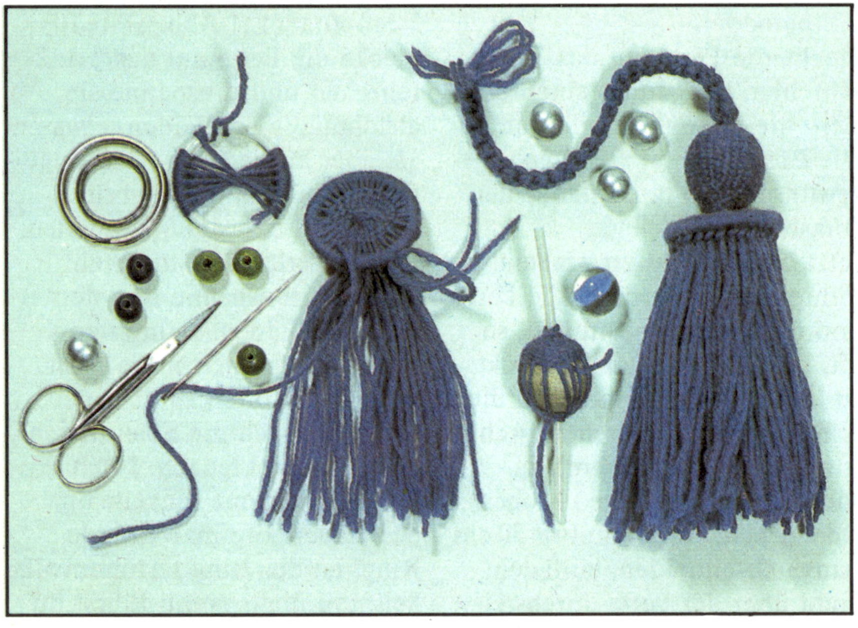

den Faden durch die Mitte hindurch und webst ihn spiralförmig durch die obere Lage der Spannfäden, wie wir es beim Rundweben (↑ Seite 41) zeigen. In die Spannfäden auf der Unterseite knüpfst du je 3 bis 5 Fäden. Die Fadenlänge richtet sich nach der gewünschten Länge der Quaste. Wie du die Fäden einknüpfst, erklären wir auf Seite 29.
Schiebe die Perle vom Röhrchen und nähe den bespannten Ring mit der Quaste unten an der umwebten Perle fest. Oben befestigst du eine Schnur. Verschneide die Fransen.

POMPONS – BUMMELN

Du brauchst dazu:
Wolle,
einen Rest dünne Pappe,
1 Stopfnadel.
Zeichne mit dem Zirkel 2 Kreise auf Pappe; der Durchmesser entspricht etwa dem Durchmesser des Pompons (der Bummel). Ziehe mit dem Zirkel je einen Innenkreis. Schneide die inneren Kreisflächen aus, so daß zwei Ringe entstehen. Schneide die Ringe aus. Umwickle die Ringe mit Wolle, bis das Loch in der Mitte geschlossen ist. Soll deine Bummel ganz dicht werden, stichst du die letzten Runden mit der Stopfnadel ein (↑Abb. Seite 10, rechts).
An der Außenkante schiebst du die Wolle ein wenig zur Seite, daß die Pappe sichtbar wird. Mit einer spitzen Schere schneidest du die Wickellagen auf, indem du zwischen den beiden Pappringen entlang schneidest. Wickle zwischen den Pappringen einen Faden fest um die aufgeschnittenen Fäden und verknote ihn gut. Das Ende läßt du hängen; du kannst damit den Pompon annähen. Ziehe die Pappringe ab oder schneide sie auf.

MERKE: *Die Pappringe dürfen erst entfernt werden, wenn der Pompon abgebunden worden ist, sonst ist alle Mühe umsonst.*

Forme die Bummel schön rund und verschneide vorstehende Fadenenden. Wenn du willst, dämpfe die Bummel über kochendem Wasser. Vorsicht vor dem Wasserdampf!
Unterschiedliche Materialien und Farben lassen sich für Bummeln verwenden:
Für mehrfarbige Pompons kannst du für jede Wickelrunde eine andere Farbe nehmen oder jeden Halb- oder Viertelkreis von Anfang an nur in einer Farbe wickeln. Probiere aus, was dir für deinen Zweck besser gefällt.
Nun zeigen wir dir noch zwei Möglichkeiten, wie du eine Bummelreihe zum Schmücken an Taschen oder Schals – oder wo immer du willst – anbringen kannst: Knüpfe eine Schnur (↑ Seite 18), nähe sie an den unteren oder oberen Rand der Tasche oder deines Schals. Knüpfe in Abständen, die sich nach der Größe der Pompons richten, verschieden lange Schnüre in die festgenähte

Schnur und hänge an das Ende der Schnüre je eine Bummel: ein- oder mehrfarbige oder ein- und mehrfarbige im Wechsel.
Die zweite Möglichkeit:
Einen langen Faden, den du an der zu schmückenden Kante mit ein paar Stichen befestigt hast, stichst du so in die Kante, daß er eine 2 bis 3 cm lange Schlinge bildet. Halte die Schlinge fest. Nach einem Überwendlichstich zur Befestigung der Schlinge stichst du an derselben Stelle 3 weitere Schlingen, immer mit einem Befestigungsstich dazwischen. Dann folgen fortlaufend 3 bis 4 Überwendlichstiche, darauf wieder 4 Schlingen usw.
Die 4 Schlingen faßt du jeweils mit dem am Pompon befindlichen Faden zusammen und nähst die Bummel an der Schlinge fest. Zum Schluß stickst du über die Nähkante eine Reihe Kettenstich, damit es ganz ordentlich aussieht.

SCHNÜRE FLECHTEN

Du brauchst
3 Fäden oder eine Anzahl Fäden, die sich durch 3 teilen läßt, z.B. von drei Farben je 3 Fäden.
Das Fadenbündel knotest du an

einer Türklinke an. Immer abwechselnd werden der linke und dann der rechte äußere Faden über den mittleren gelegt, so daß diese jeweils die neue Mitte bilden (↑ Seite 13, Abb. a und b). Du kannst jedes Fadenbündel in einer anderen Farbe wählen oder jedes Bündel mit verschiedenfarbigen Fäden bilden (↑ Abb. Seite 12). Auch mit 5 Fäden kann man flechten (↑ Seite 13, Abb. c bis e).

UNTERSETZER

Aneinandergenähte geflochtene Schnüre ergeben hübsche Untersetzer. Lege die Schnur spiralförmig und nähe sie, von der Mitte ausgehend, Stück für Stück, möglichst unauffällig, an die vorher bereits befestigte „Runde“. Als schmückenden Rand legst du die Schnur in gleichmäßige Bogen, die du in regelmäßigen Abständen an der vorangegangenen Runde befestigst. Nach dieser Bogenrunde können noch einige Runden spiralförmig ringsum angenäht werden. Sie geben dem Untersetzer Halt (↑ Abb. Seite 14).

BÄNDER FLECHTEN

Befestige mit einem Knoten ein Bündel Wollfäden in beliebiger Länge an einer Türklinke. Teile das Bündel in mehrere dünne Bündel mit jeweils der gleichen Fadenanzahl. Wir arbeiteten mit 60 dünnen Fäden und teilten sie in 6 Bündel (↑ Seite 13, unten). Nun webst du mit einem Faden (wir wählten eine andere Farbe) –

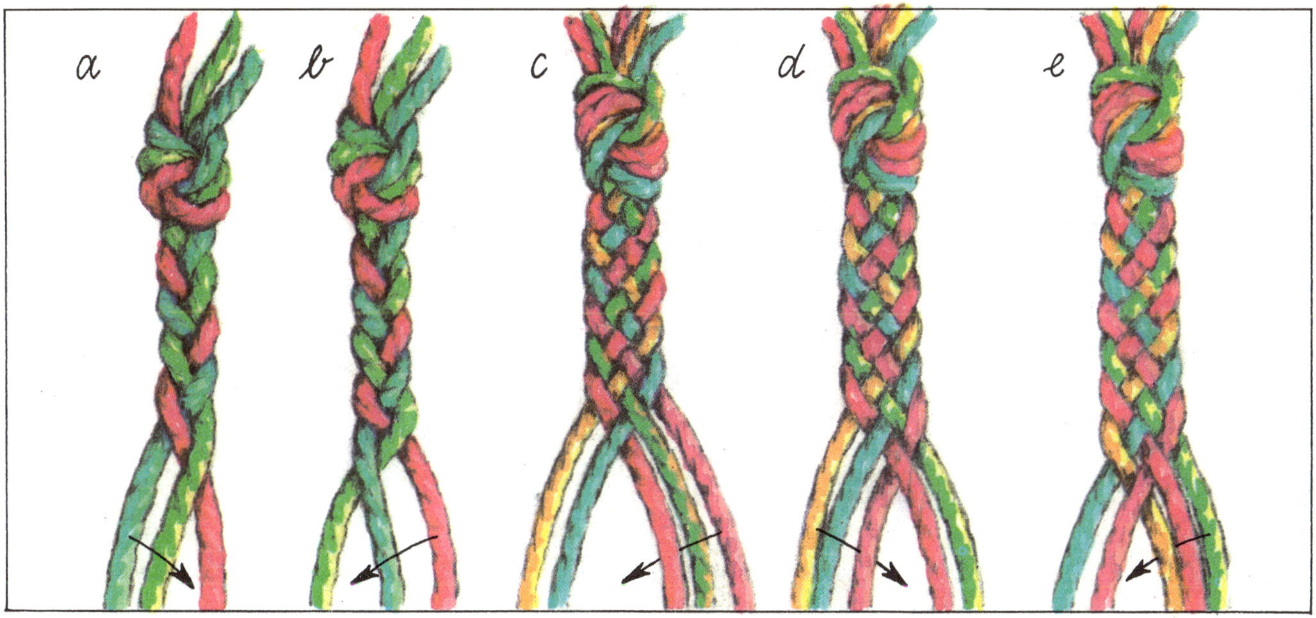

die Fadenbündel dicht aneinander. Du führst den Faden wie beim Stopfen abwechselnd einmal über und einmal unter den Fadenbündeln hindurch. Achte darauf, daß das Band gleichmäßig breit wird und die Bündel ordentlich nebeneinanderliegen. Das Ende wird so befestigt: Du faßt erst je 3 Bündel zusammen und vernähst sie und dann die beiden Dreierbündel.

Du kannst für die Fadenbündel auch verschiedene Farben nehmen.

In dieser Technik könntest du einen Gürtel arbeiten.

Länge der Fadenbündel: Taillenmaß plus 20 bis 25 cm. Der Gürtel wird mit Knopf und Schlinge geschlossen, oder die Enden werden verknotet.

RUNDFLECHTEN

Flechten in der Rundung wird auch als „Türkenbund“ bezeichnet.
In dieser Technik lassen sich Armbänder, kleine Untersetzer, Knoten zum Befestigen eines dünnen Schals, ja sogar Kerzenhalter herstellen, je nachdem, welches Material du wählst.

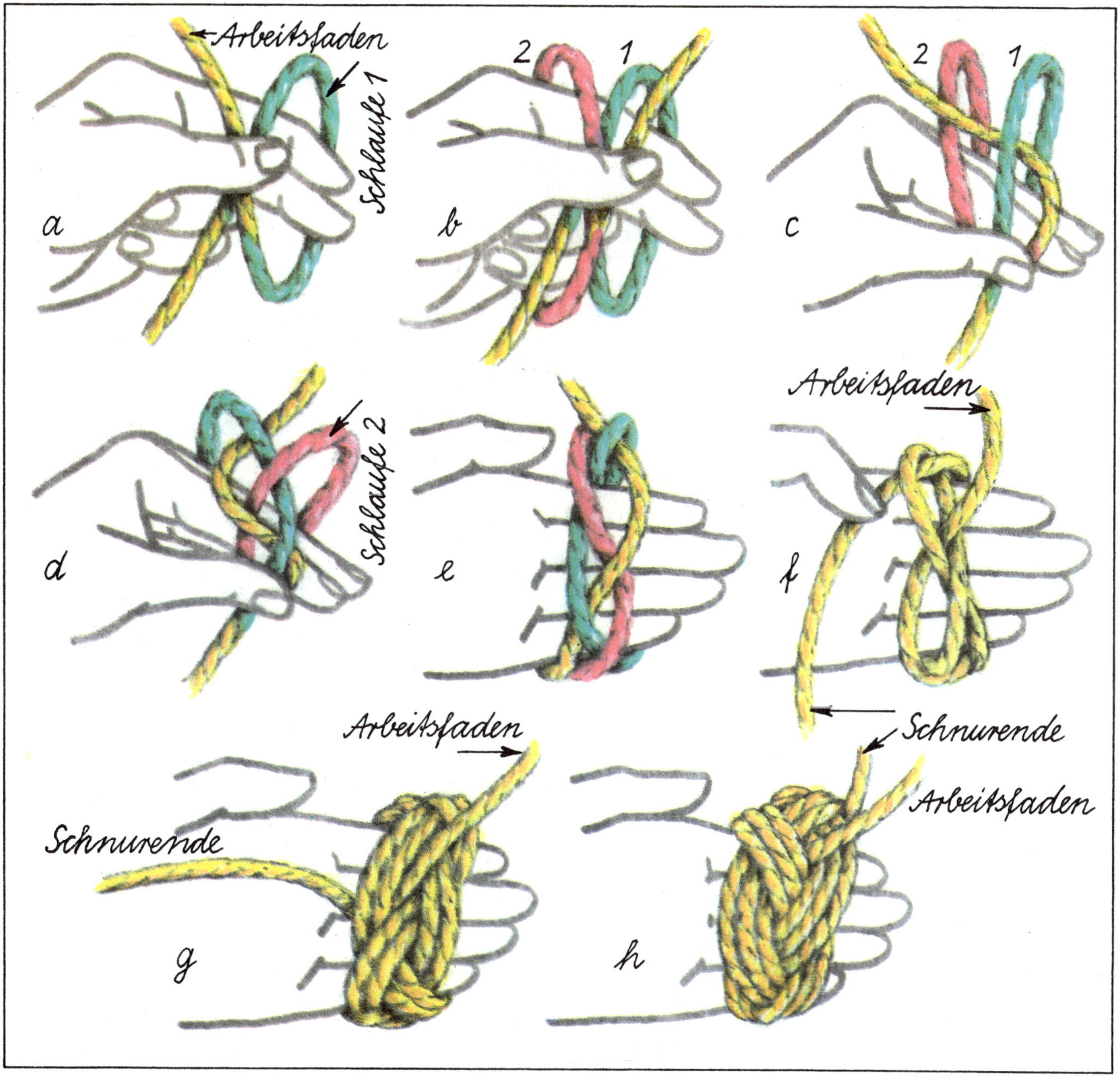
Arbeitsfaden
Schlaufe 1
a
2
1
b
2
1
c
Schlaufe 2
d
e
Arbeitsfaden
f
Schnurende
Arbeitsfaden
Schnurende
g
Schnurende
Arbeitsfaden
h

Du brauchst dazu:
Schnur, Kordel,
schmale Lederstreifen,
Bindfaden, Seil
oder dicke Wolle.

Nimm zum Üben eine etwa 3 m lange Schnur. Lege die Schnur *sehr locker* um die Finger deiner linken Hand zu einer Schlaufe, so daß etwa 1 m Schnur links unten hängenbleibt. Schau dir die Abbildung auf Seite 15 an (a). Das 2 m lange Ende kreuzt vorn das kurze Ende. Halte dieses Kreuz mit dem Daumen fest. Lege eine zweite Schlaufe (rot) links neben die erste blaue Schlaufe (b). Vorn kreuzt das Ende dieser Schlaufe deren Anfang. Ziehe den langen „Arbeitsfaden" (gelb) unter der ersten Schlaufe hindurch und lege ihn nach links (c).
Ziehe die zweite Schlaufe über die erste (d). Dieser Arbeitsgang ist mit dem Pfeil gekennzeichnet.
Ziehe den Arbeitsfaden von links nach rechts durch die linke Schlaufe (e). Ziehe die rechte Schlaufe über die linke. Ziehe danach den Arbeitsfaden von rechts nach links unter der rechten Schlaufe hindurch.
Wenn du richtig gearbeitet hast, ergibt sich ein lockeres Flechtmuster (f). Das ist die Kontrolle für die weitere Arbeit. Das Flechtmuster muß ganz locker sein, sonst kannst du die folgenden Flechtgänge nicht ausführen.
Nun geht es weiter im Wechsel: Schlaufe über die andere ziehen, Arbeitsfaden unter der „Nachbarschlaufe" hindurchziehen. Die Runde ist beendet, wenn sich der Arbeitsfaden mit dem hängengelassenen Ein-Meter-Stück trifft.
Nun beginnt die zweite Runde, die Zweifachflechtung: Alle Fäden des Flechtmusters werden mit dem Arbeitsfaden verdoppelt. Er muß also den Windungen des bisherigen eingeflochtenen Fadens folgen.

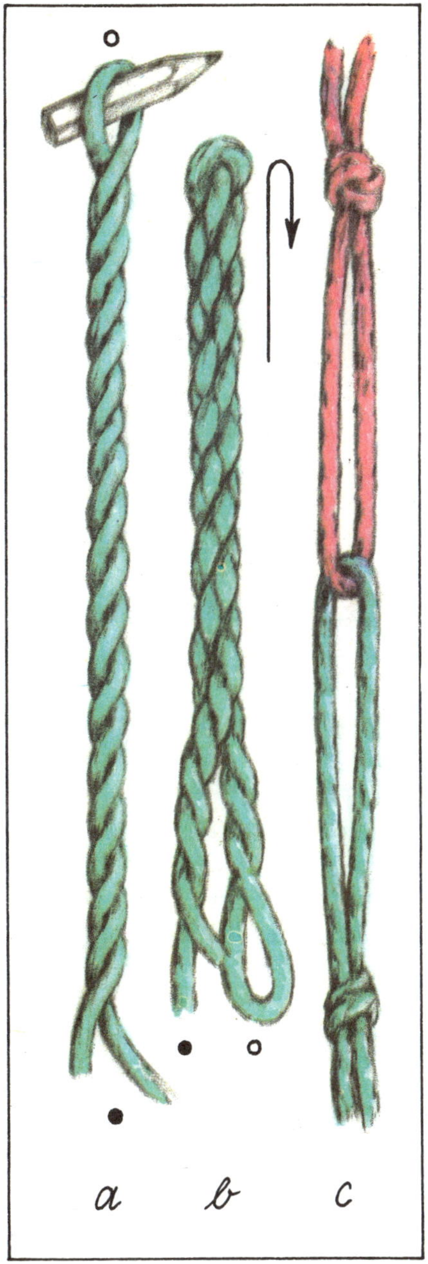

Wenn alle Windungen doppelt sind, bleibt der Arbeitsfaden hängen (g).
Jetzt die Dreifachflechtung: Nimm das hängengelassene Ein-Meter-Ende und beginne in entgegengesetzter Richtung zu flechten, bis alle Windungen dreifach sind (h).
Die beiden Fadenenden führst du zum Schluß nach innen, schneidest sie ab und vernähst oder verklebst sie.
Für *Untersetzer* wird der locker geflochtene Ring auf einer ebenen Fläche glatt gedrückt. Klebe auf eine feste Pappe von der Mitte aus spiralförmig eine Schnur auf (Anfang zunächst mit einer Stecknadel befestigen), bis die geklebte Fläche das Innere des geflochtenen Rings ausfüllt. Nun klebst du den Ring ringsum fest.

SCHNÜRE DREHEN

Einen doppelten Faden oder auch mehrere Fäden befestigst du an einer Türklinke. Drehe die Fäden zwischen Daumen und Zeigefinger (oder mit einem Bleistift) immer in einer Richtung fest zusammen (a). Achte darauf, daß keine Knoten entstehen. Lege Anfang und Ende zusammen und halte die Mitte der gedrehten Fäden fest. Nimm das Ende von der Türklinke, und halte die beiden Enden mit der anderen Hand fest. Wenn du jetzt die Mitte losläßt, dreht sich die Schnur von selbst zusammen. Sollten sich Schlingen bilden, mußt du sie vorsichtig auseinanderschieben (b).

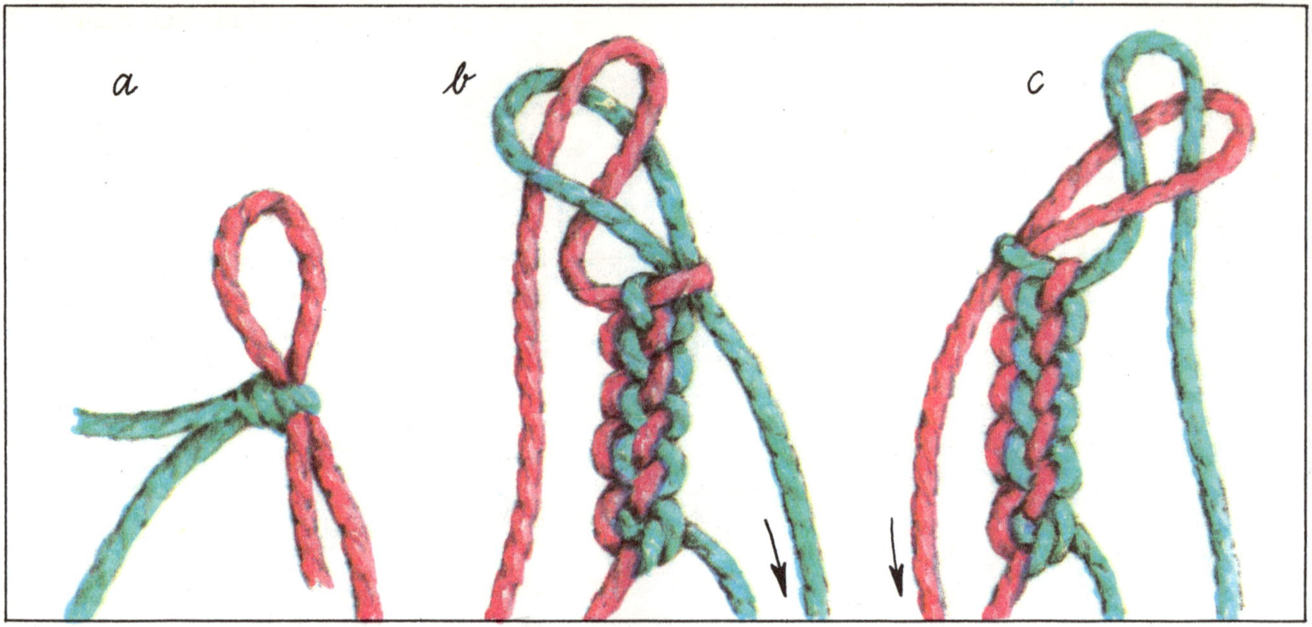

Möchtest du eine mehrfarbige Schnur haben, dann drehst du ein Stück Schnur in einer Farbe, knotest die zweite Hälfte in anderer Farbe an und drehst weiter. Der Knoten bildet die Mitte beim Zusammenlegen. Eine mehrfarbige Schnur ergibt sich natürlich auch, wenn du Fäden mehrerer Farben zusammendrehst.
Eine doppelt gedrehte Schnur entsteht, wenn du zwei gedrehte Schnüre noch einmal zusammendrehst.

SCHNÜRE KNÜPFEN

Wir erklären das Knüpfen am besten mit 2 verschiedenfarbigen Fäden. Probiere es auch mit zwei Wollfarben. Richte dich nach den Arbeitsschritten.
1. Knote einen roten und einen blauen Faden zusammen (a).
2. Bilde mit dem roten Faden eine Schlinge.
3. Lege den blauen Faden über den Mittelfinger nach hinten.
4. Hole mit dem rechten Zeigefinger den blauen Faden durch die rote Schlinge.
5. Ziehe den blauen Faden zur Schlinge und halte ihn mit rechtem Daumen und Zeigefinger fest.
6. Ziehe den linken Zeigefinger aus der roten Schlinge und ziehe mit der linken Hand das rote Fadenende straff an, bis die rote Schlinge dicht über dem Knoten liegt.
7. Mit dem linken Zeigefinger den roten Faden durch die blaue Schlinge holen. Rechten Zeigefinger herausziehen, blaues Fadenende anziehen (b und c).

So wird abwechselnd weitergearbeitet, bis zur gewünschten Länge der geknüpften Schnur. Man kann solche Schnuren

auch aus doppeltem oder mehrfachem Garn arbeiten.

SCHNÜRE KNOTEN

Die Abbildung oben zeigt, wie mit einfachen oder mehrfachen Knoten schmückende Kleinigkeiten entstehen können.

1. An einem Faden werden in gleichmäßigen Abständen (oder auch gewollt unterschiedlichen Abständen) einfache Knoten geknüpft.

2. Drei einfache Knoten werden noch einmal zusammengeknüpft, so daß ein Dreifachknoten entsteht.

3. Ein Vierfachknoten wird gebildet, indem 4 einfache Knoten zusammengeknüpft werden.
Unser Beispiel zeigt erst einen einfachen Knoten, danach einen Vierfachknoten und dahinter einen einfachen Knoten. Die beiden einfachen Knoten dienen zur Befestigung des Vierfachknotens.

4. Verschieden große und starke Knoten wurden zu einer Halskette zusammengefaßt. Die Schnüre werden aneinandergenäht.

5. Diese Schnur mit aufgefädelten Dreifachknoten entsteht so: Zuerst werden in eine Schnur Dreifachknoten geknüpft, immer mit etwa 2 cm Abstand dazwischen. Nun wird die Knotenschnur nach jeweils 2 Knoten auseinandergeschnitten. Die Stückchen werden mit einer Stopfnadel auf eine zweite Schnur gefädelt. Dabei immer durch die Mitte zwischen den beiden Dreifachknoten stechen.

6. Die Quaste entsteht durch abwechselndes Auffädeln von 2 einfachen Knoten und einem Dreifachknoten mit jeweils einem einfachen Knoten davor und dahinter.

FRANSEN KNÜPFEN

Wickle einen Faden über einen Pappstreifen oder über die Finger der flachen linken Hand. Die Breite des Pappstreifens bzw. die Zahl der Finger ergibt die Länge der Franse und die Anzahl der Wicklungen die Fransenstärke. Fasse die Wicklungen an einer Stelle mit einem zusätzlichen Faden zusammen. Verknote den Faden. Gegenüber vom Knoten schneidest du die Wicklungen auf. Du kannst auf diese Weise einfarbige oder mehrfarbige

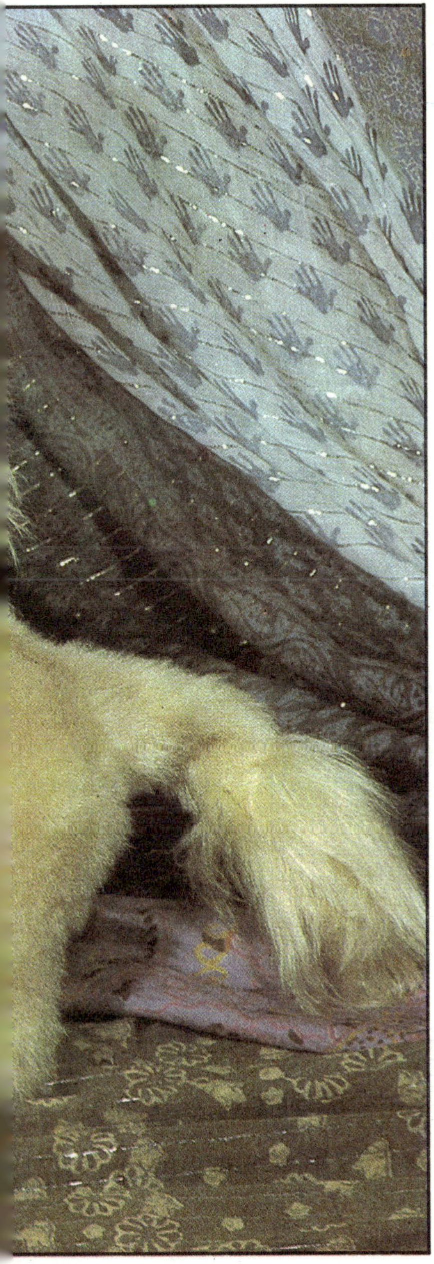

Fransen herstellen (↑ Seite 22, Abb. oben links).
„Ausgefranste Fransen“ entstehen, wenn du die einzelnen Fäden mit einer Nadel „zerzaust“.
Fransen annähen:
Fransen anfertigen, mit Nadel und Faden annähen. Das „Köpfchen“ umwickeln, den Wickelfaden verknoten.
Fransen einknüpfen: Eine entsprechende Anzahl Fransen vorbereiten. Die Abstände zwischen zwei Fransen so groß wählen, daß die Knoten der nächsten Reihe Platz haben. Diese zweite Reihe entsteht, indem jede Franse geteilt und mit der Hälfte der Nachbarfranse verknotet wird (↑ Seite 22, unten links). Die Abbildung unten rechts zeigt eine gedrehte Schnur mit 2 ausgefransten Fransen daran.
In eine geflochtene Schnur (↑ Seite 12) werden büschelweise farbige Fäden eingeflochten. Wir wählten für Schnur und Fransen dieselbe Farbe. Mit dieser Fransenschnur kannst du eine gehäkelte oder gewebte Tasche schmücken (↑ Seite 22, oben rechts).
Das Bild unten in der Mitte zeigt Fransen in einer anderen Technik. Doppelt gelegte Fadenstücke werden um eine Schnur geschlungen. Am besten benutzt du dazu die Häkelnadel. In unterschiedlicher Farbe und Länge, zusätzlich mit Fransen oder Perlen geschmückt, könntest du sie fürs Faschingskostüm verwenden (↑ Seite 23 oben).

WOLLPÜPPCHEN

Wollfäden über einen etwa 8 cm breiten Pappstreifen wikkeln. Am „Kopfende“ alle Fadenschlingen mit einem zusätzlichen Faden fassen, den Faden einige Male herumschlingen und gut verknoten. Den Hals durch einige Umwicklungen bilden. Wickelfaden wieder verknoten.
Für die Arme noch einmal Wollfäden über die Pappe wikkeln, aber nicht so oft wie für den Puppenkörper. Fadenenden verknoten. Hände abbinden. Arme unterhalb des Halses durch die Mitte des Körpers führen. Den Körper in der Taille umwickeln. Die Schlingen für die Beine teilen. Füße abbinden (↑ Seite 23). Du kannst das Püppchen noch mit verschiedenen Frisuren verschönern: Wollfädchen als modische

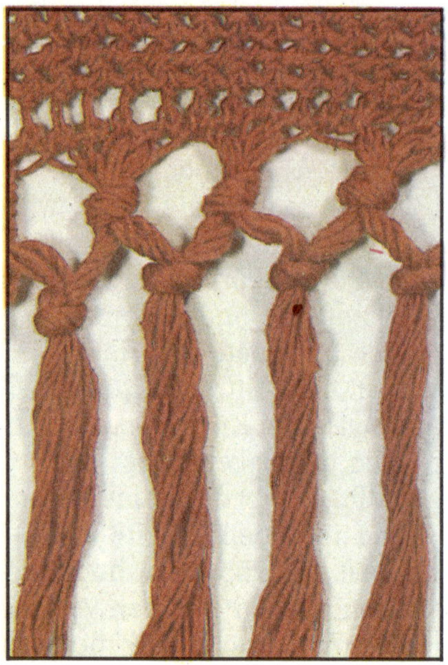

Kurzhaarfrisur festnähen oder Zöpfchen flechten und festnähen. Für ein Puppenmädchen brauchst du noch einen Rock: Knüpfe Schlingen (↑ Seite 22) in anderer Farbe in gewünschter Länge auf einen Faden. Binde den Faden um die Taille des Püppchens.

KLETTERMAXE

Arbeite ein Wollpüppchen wie im vorigen Abschnitt beschrieben. Nähe Hände und Füße an den Spitzen zusammen(↑ Seite 23). Für den Kletterbaum brauchst du

einen glatten Stab (mit Sandpapier abschleifen). Eine Bummel (↑ Seite 11) oder Franse, die du auf den Stab aufsteckst oder festbindest, ist die Baumkrone.
Ein Stück Hutgummi an der Baumkrone und am „Max" befestigen. Mäxchen nach unten ziehen, loslassen – und schon sitzt er unter der Baumkrone.

FÄDEN LEGEN UND KLEBEN

Du brauchst dazu:
festen Karton oder Pappe,

weiß oder farbig,
Wollreste,
Schere,
Stecknadeln,
Klebstoff.

In dieser Klebetechnik kannst du Wandbilder herstellen. Auch hier beginnst du mit einer kleinen Fläche, die du dann als Glückwunschkarte verwenden könntest, wenn sie gut gelungen ist. Zum Üben versuchst du erst einmal, 1 bis 4 cm lange Wollfädchen möglichst sauber dicht nebeneinander auf Karton zu kleben. Bestreiche den Karton in Länge des Fadens vorsichtig mit wenig Klebstoff, lege den Wollfaden auf und drücke ihn fest. Als Hilfsmittel könntest du eine Pinzette benutzen. Mit dem nächsten Fadenstückchen verfährst du ebenso (↑ Seite 25, oben Mitte). Möchtest du die Klebearbeit unten versuchen, dann zeichne auf dem Kartonstück die Umrißlinien für die Farbflächen mit Bleistift auf. Eine Farbfläche wird mit einem Faden ausgefüllt. Du mußt also mit dem Faden immer am Ende der Farbfläche „umkehren“. Es entstehen hin und her gehende „Reihen“. Du kannst dir die Arbeit erleichtern, wenn du den Faden jeweils am Ende der Reihe mit

einer Stecknadel feststeckst, bis die nächste Reihe angeklebt ist. Klebe die Fadenflächen so dicht wie möglich, daß man kaum etwas vom Karton sehen kann. Der Karton bleibt, wenn das Bild fertig ist, als schmükkender Rand (Passepartout) stehen, oder du schneidest ihn bis zum Rand des Bildes sauber ab (↑ Seite 25, oben rechts). Bei dieser Arbeit probierst du das Ausfüllen von Formen mit noch mehr Farben. Jede Form wird einzeln und nacheinander geklebt. Beginne im Inneren einer jeden Form. Zur Erleichterung befestigst du den Fadenanfang mit einer Stecknadel. Klebe den Faden Runde um Runde spiralförmig fest, der aufgezeichneten Form entsprechend. Das letzte Beispiel enthält vielfältig und kompliziertere Formen: große und kleine, runde und ovale. Wie die Fäden gelegt werden, zeigt die Abbildung unten.

Selbstverständlich mußt du dich bei deinem Bild nicht genau nach unserer Arbeit richten.

Fertigst du eigene Entwürfe an, dann wähle nicht zu schwierige Formen, weil du dann nur schwer mit dem Aufkleben zu Rande kommst. Ist dein Ent-

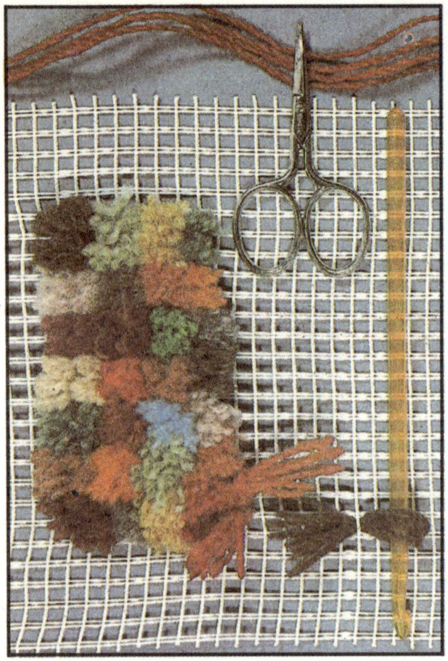

wurf fertig, übertrage die Umrißlinien auf Transparentpapier. Zeichne sie auf der Rückseite des Transparentpapiers noch einmal mit Bleistift nach. Lege den Entwurf (das Transparentpapier) auf den Karton und übertrage die Umrißlinien, indem du sie mit einem harten Gegenstand „abreibst". Wähle Fäden aus, die farblich gut zusammenpassen. Wenn du den Entwurf farbig anlegst, kannst du die Bildwirkung prüfen und dich beim Aufkleben danach richten.

FLÄCHEN KNÜPFEN

Wir stellen dir kleine Knüpfarbeiten vor, die du in der Puppenstube als Kissen für Stühle, Bezüge für Sessel, als Wandteppiche, Läufer und Bodenteppiche verwenden kannst. Hast du dann genügend Übung und fehlt es dir auch nicht an Geduld, wage dich auch an größere Knüpfarbeiten. Knüpfen macht Spaß, aber es dauert lange, bis ein größeres Stück fertig ist (↑ Abb. Seite 28 und 29).
Du brauchst dazu:
Grundstoff (das ist ein gitterartiges Gewebe, das in Kurzwarenläden erhältlich ist),
Wolle,
Häkelnadel,
Schere.
Zuerst schneidest du etwa 10 cm lange Wollfäden zurecht. Je nach Wollstärke werden jeweils mehrere Fäden in der Mitte zusammengelegt. Bei mittlerer Wollstärke nimmst du 4, bei starker Wolle 2 Fäden oder nur 1 Faden. Lege die Fäden zur Schlinge und halte die Fadenenden fest. Stich mit der Häkelnadel durch die Schlinge und um einen Querfaden („Schußfaden") des

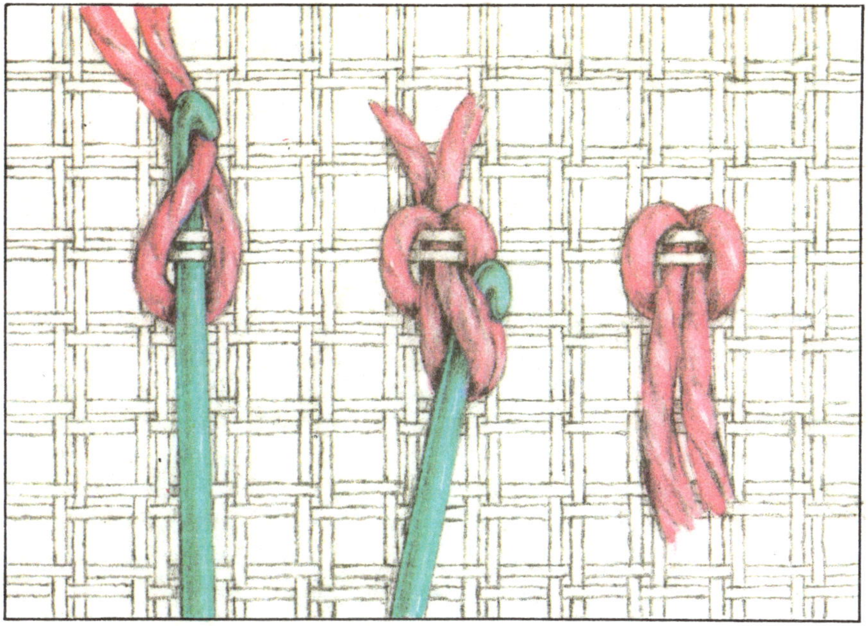

Grundstoffs, nimm die zusammengehaltenen Fadenenden mit dem Haken der Häkelnadel auf und ziehe sie durch die Schlinge und unter dem aufgenommenen Gewebefaden hindurch. Ziehe die Fadenenden straff. Es entsteht ein fester Knoten; das Fadenbündel sitzt fest im Grundstoff. Vergleiche deine Arbeit mit den Abbildungen Seite 28 links und Seite 29 rechts. Du arbeitest in Reihen von links nach rechts. Dabei wird fortlaufend Knoten an Knoten gesetzt. Bist du mit einer Reihe fertig, kannst du die Fadenenden auf gleiche Länge („Florhöhe“) schneiden.
In unserer ersten Arbeitsprobe ergeben jeweils 4 Knoten einer Farbe eine kleine Farbfläche. Für die Flächen haben wir unterschiedliche Farben gewählt: zurückhaltende, helle, dunkle und kräftige. Im Zusammenklang ergeben die Farbtöne eine farblich fein abgestimmte Knüpfarbeit.
Die zweite Knüpfprobe setzt sich aus den gleichen Farben zusammen wie die erste, nur entstehen hier durch jeweils einen Knoten ganz kleine Farbflecke.
Es gibt noch viele andere Möglichkeiten der Farbaufteilung für eine geknüpfte Fläche: Du kannst die Farbflächen unterschiedlich groß wählen, du kannst ringsherum einen dunklen Rand knüpfen und für die mittlere Fläche hellere oder auch kräftige Farben nehmen.
Für den „Kuschelteppich“ auf Seite 29 wurde die gleiche Farbanordnung wie im zweiten Arbeitsbeispiel gewählt, nur sind hier die Fadenbündel länger. Probiere es aus: Je länger die Knüpffäden, um so kuscheliger wird die Arbeit.
Ist die Knüpfarbeit fertig, verschneidest du den Grundstoff

so, daß ein etwa 2 cm breiter Rand stehenbleibt. Diesen Rand des Grundstoffs schlägst du nach hinten um und nähst ihn mit Staffierstichen fest.

WEBEN

Weben ist das rechtwinklige Verkreuzen von Fäden. In gespannte Längsfäden – die *Kettfäden* – werden Querfäden – die *Schußfäden* – eingezogen. Du wendest diese Technik auch beim Stopfen an. Wir wollen dir zeigen, wie man mit einfachen Mitteln weben kann. Wenn dir das Weben Freude macht, wünschst du dir einen Webrahmen zum Geburtstag. Vielleicht gibt es bei euch auch einen Webzirkel, in dem du mitarbeiten könntest.

Für den Anfang genügt ein einfacher *Rahmen.* Das könnte (wie im Beispiel auf Seite 37) ein ausgedienter Bilderrahmen sein. Vielleicht baut dir dein Vater oder der große Bruder (oder du selbst) aus Leisten oder Rundhölzern einen einfachen Rahmen.

Die obere und untere Leiste des Rahmens werden mit den *Kettfäden* bespannt. Dafür gibt es drei Möglichkeiten:

– Du wickelst den Kettfaden straff um die Leisten.
– Du führst den Kettfaden durch eng nebeneinander gebohrte Löcher im Rahmen.
– Du wickelst den Kettfaden um Nägel. Diese Nägel müssen in engen, gleichmäßigen Abständen in die obere und untere Leiste des Rahmens geschlagen werden (↑ Abb. Seite 31).

Für die Kettfäden nimmst du festes, glattes Garn. Gut geeignet ist dünner Bindfaden. Fadenanfang und Fadenende werden am Rahmen fest verknotet. Spanne die Fäden straff. Überlege dir, wie breit deine Arbeit werden soll. Entsprechend viele Fäden mußt du spannen.

Beginne mit einer kleinen Webarbeit, damit du nicht beim ersten Versuch die Lust verlierst. Am Ende mußt du den Faden fest verknoten. Der Fachmann nennt das Spannen der Kettfäden *„Aufbringen der Kette"*. (Das ist natürlich bei einem Webstuhl viel schwieriger als beim Webrahmen.)

Nun beginnt das Weben. Bei der einfachsten Technik, die du hier kennenlernen sollst, fädelst du einen langen Faden in eine dicke, möglichst lange *Nadel.* Gut geeignet ist für dickes Garn eine Einziehnadel, weil sie eine stumpfe Spitze und ein großes Öhr hat. Es genügt aber auch eine Stopfnadel.

Den Faden führst du wie beim Stopfen waagerecht hin und her, einmal über und einmal unter den Kettfaden. Diese waagerecht hin und her geführten Fäden, die *Schußfäden*, dürfen nicht zu fest angezogen werden, sonst bekommt das Gewebe eine häßliche Taille. Wird zu locker gearbeitet, entstehen unschöne Schlingen.

Die Schußfäden werden mit einem grobzinkigen Kamm (oder mit einer Gabel) an das bereits fertige Gewebe gedrückt, *„angeschlagen"*, damit es schön dicht wird.

Ist der Schußfaden fast aufgebraucht, wird das Fadenende auf die Rückseite des Gewebes genommen. Der Anfang vom neuen Schußfaden bleibt ebenfalls auf der Rückseite hängen. Diese Fadenenden werden später verstochen, damit das Gewebe auch von links ordentlich aussieht und die Fäden sich nicht lösen können.

Als Schußfaden ist jedes Material verwendbar: dickes oder dünnes Garn, glattes oder

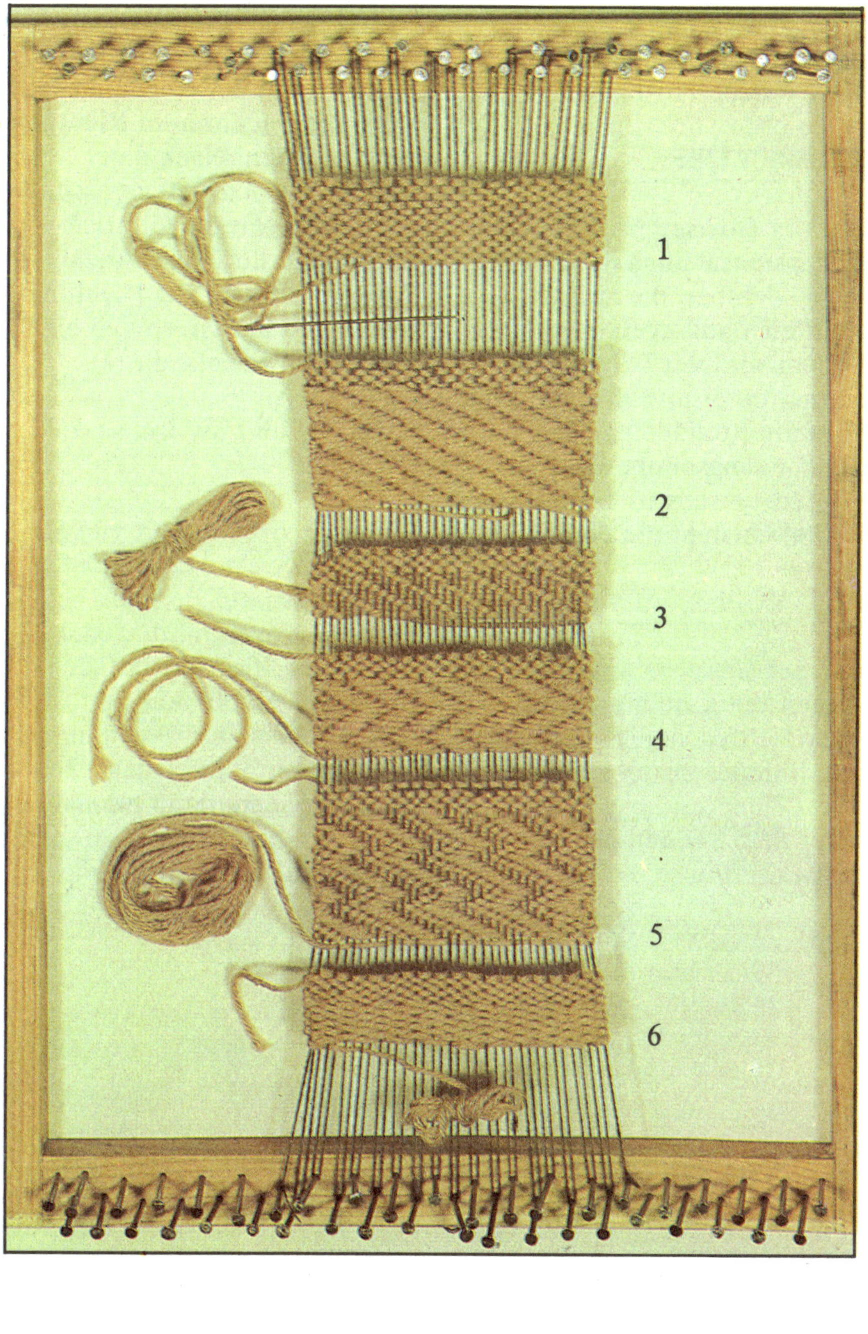

rauhes. Die Farben möchten gut zusammenpassen; denn dein handgewebter Stoff soll dir ja gefallen.

BINDUNGEN

Du weißt, daß beim Weben Fäden verkreuzt werden. Der Fachmann bezeichnet das Verkreuzen von Kett- und Schußfäden als *„rechtwinkliges Verkreuzen zweier Fadensysteme"*. Kett- und Schußfäden können auf verschiedene Art miteinander verkreuzt werden. Die Art der Verkreuzung heißt *Bindung*. Durch unterschiedliche Bindungen entstehen verschiedene Gewebebilder, *Webmuster*. Die Webmuster wiederholen sich innerhalb eines Gewebes immer wieder. Dieses wiederkehrende Webmuster bezeichnet man als *Bindungsrapport*.
Eine Auswahl von Webmustern zeigt die Abbildung auf Seite 31. Im folgenden Text soll diese Auswahl benannt und beschrieben werden.

LEINWANDBINDUNG

Der Schußfaden wird wie beim Stopfen abwechselnd über und unter jeweils einen Kettfaden gelegt. In der zweiten und jeder weiteren Reihe wird dieser Wechsel fortgesetzt. Die Leinwandbindung ist die einfachste, aber auch die dichteste Bindung. Kett- und Schußfäden sind stets nur ein kurzes Stück sichtbar (1).

KÖPERBINDUNG

Diese Bindung erkennt man an dem diagonal verlaufenden „Köpergrat". So nennt man die Linien, die sich durch diese Art der Bindung ergeben. Die Gratlinien können unterschiedlich breit und steil sein und in unterschiedlicher Richtung verlaufen. Je nachdem, ob sie nach rechts oder nach links verlaufen, bezeichnet man sie als Z-Grat-Köper oder als S-Grat-Köper. Der Grat entsteht dadurch, daß die Kreuzungsstellen (die Bindungspunkte) jeweils um einen Kettfaden nach rechts oder nach links versetzt werden (↑ Abb. Seite 31).

SCHUSSKÖPER

Auf der Oberseite des Gewebes sind hauptsächlich die Schußfäden sichtbar, die auf den Kettfäden aufliegen. Beim Weben wird der Schußfaden einmal unter und mehrere Male über die Kettfäden gelegt. Wird der Bindungspunkt nach links versetzt (jeweils in der nächsten Reihe) entsteht ein S-Grat (2)

KETTKÖPER

Auf der Gewebeoberseite überwiegen die Kettfäden, denn jeder Kettfaden geht über mehrere (mindestens über zwei) Schußfäden und nur einmal unter dem Schußfaden hindurch (3).

LÄNGSZICKZACKKÖPER

Hier verläuft der Köpergrat in einer Zickzacklinie in Richtung der Kettfäden. Nach einer bestimmten Anzahl von Schußfäden wechselt die Gratrichtung. Nach derselben Anzahl Schußfäden wird die Richtung wieder gewechselt, so daß eine Zickzacklinie entsteht (4).

GEMUSTERTER ZICKZACKKÖPER

Für diese Bindungsart gibt es wiederum viele Möglichkeiten. Wir bringen ein Beispiel, bei dem der Köpergrat diagonal nach oben, also in Kettfadenrichtung verläuft. Auf der Gewebeoberseite liegt in einem Rapport der Schußfaden über drei Kettfäden, dann einmal unter, einmal über und dreimal unter den Kettfäden (↑ Zeich-

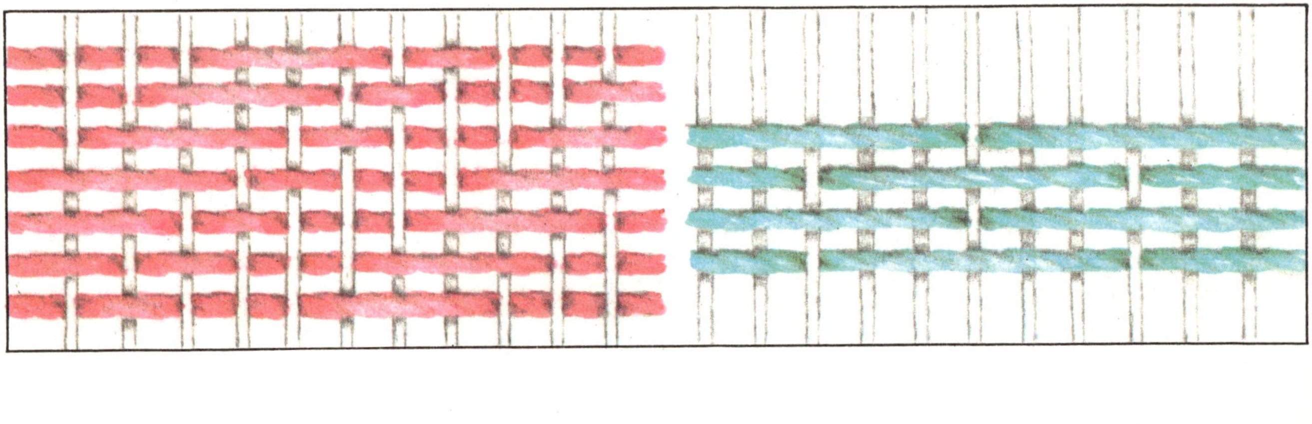

nung Seite 32 links). Danach wiederholt sich das ganze. Je nach gewünschter Richtung kann der Bindungspunkt versetzt werden. Nach einer bestimmten Anzahl Schußfäden erfolgt eine andere Anzahl Schußfäden in die andere Richtung (↑ Längszickzackköper). Auf diese Weise entsteht die Diagonale (↑ Abb. 5, Seite 31).

ATLASBINDUNG

Diese Bindung entsteht, wenn der Schußfaden im Rapport einmal unter und fünfmal über den Kettfäden liegt. In der zweiten Schußreihe liegt die Kreuzungsstelle unter dem mittleren der fünf Kettfäden, die in der vorangegangenen Schußreihe auf der Gewebeoberseite liegen. Diese dritte Reihe ist gleich der ersten (6 und Zeichnung Seite 32, rechts). Die gezeigten Bindungsarten sind, wir wiederholen es, nur eine kleine Auswahl. Allein

von der Köperbindung gibt es noch viele Varianten; einige können durch Probieren leicht selbst gefunden werden. Das Erscheinungsbild der einzelnen Bindungen wird außerdem verändert durch die Beschaffenheit des Materials: die Garnstärke oder die Dichte der Kettfäden.

WEBEN MIT MEHREREN FARBEN – PUPPENSTUBENTEPPICHE

Du brauchst dazu:
Webrahmen, Gabel zum Anschlagen, Stopfnadel dünne Schnur oder dünnes

Wollgarn für die Kette,
dickes Wollgarn in unterschiedlichen Farben.
Die Abmessungen unserer Teppiche betragen 9 cm × 12 cm. Selbstverständlich sind auch andere Maße denkbar.
Die drei Teppiche sind in einfacher *Leinwandbindung* gewebt, also alle in derselben Technik. Durch Verwendung des gleichen Materials und der gleichen Farben passen sie gut zusammen trotz der verschiedenen Flächenaufteilung.
Variante 1: Für den Teppich Seite 33 links wurde eine einfache Streifengliederung gewählt. Im gleichen Abstand folgt ein Streifen dem anderen, nur die Farbe wechselt; sie wiederholt sich regelmäßig im Rapport.
Variante 2: Beim mittleren Teppich wurden nur die Ränder der Schmalseiten betont. Die helle Farbe bildet den Grund und überwiegt auf der Fläche. Die beiden anderen Farben vereinen sich zu den breiten Streifen.
Variante 3: Kleinste Wollreste können für den rechten Teppich verwebt werden. Sie werden abwechselnd aneinander gewebt, so daß zwei bis vier Farben in einer Schußreihe liegen können. Die Fadenenden nimmst du nur auf die Rückseite; sie alle zu vernähen wäre eine sehr große Mühe.

☞ MERKE: *Zum Versäubern der beiden Schmalseiten eines Teppichs müssen am Anfang und am Ende je 1 bis 2 cm mehr gewebt werden. Dieser Rand wird nach links umgeschlagen und angesäumt. Du kannst aber auch die Kettfäden abschneiden und die Fadenenden miteinander verknoten. Reicht die Länge der Kettfäden nicht aus, knüpfe zusätzlich Fäden ein und verknote sie zu Fransen.*

KLEINE TASCHE

Das Täschchen (↑ Abb. rechts, Seite 35) ist aus leuchtend bunten Wollresten gewebt, ohne vorherige Festlegung eines bestimmten Streifenmusters. Es sieht besonders lustig aus. Zum Umhängen drehst du eine Kordel aus Wollgarn.

GROSSE TASCHE

Du brauchst dazu:
Wollgarn in 4 Farben; von der Grundfarbe benötigst du einen etwas größeren Garnrest, etwa 100 g. Der Webrahmen muß mindestens die gewünschte Breite haben (↑ Seite 35, Abb. links).
Der Abstand der Kettfäden kann etwas größer sein. Gut geeignet für die Tasche ist ein Webrahmen aus dem Angebot. Beachte aber auch die Länge der Kette; sie muß reichlich doppelt so lang sein wie die gewünschte Höhe der Tasche.
Gewebt wird in einfacher Leinwandbindung. Da bei unserer Arbeit die Kettfäden etwa ¾ cm auseinanderliegen, entsteht eine ganz andere Oberfläche als

beim kleinen Täschchen. Die Kettfäden sind bei unserer großen Tasche kaum sichtbar. Diese Tasche ist etwas schwieriger zu weben als die bisherigen Arbeitsbeispiele.
Du beginnst am oberen Rand der Rückseite und webst die 4 unterschiedlich breiten farbigen Streifen: rot, braun, gelb (ohne braune Mitte), braun. Dann folgt die große rote Fläche, die etwa bis in die Mitte der Vorderseite reicht. Dann webst du den dunklen Streifen. Er liegt bei der fertigen Tasche mit dem dunklen Streifen auf der Rückseite in

gleicher Höhe. Der nächste Abschnitt ist schwerer zu weben. Es erfolgt hier in jeder Reihe zweimaliger Farbwechsel: gelb – braun – gelb. Zähle die Kettfäden ab, damit die beiden gelben Farbflächen gleichgroß werden. Bei jedem Farbwechsel schlingst du die Arbeitsfäden umeinander, damit keine Schlitze entstehen. Nach diesem schwierigen Abschnitt geht es mit einem braunen Streifen weiter, ebenso breit wie der auf der Taschenrückseite. Abgeschlossen wird die Arbeit mit einem schmaleren roten Streifen.

Wenn dein Webrahmen nicht die erforderliche Kettenlänge hat, webst du Vorderteil und Rückseite der Tasche getrennt und nähst zum Schluß beide Teile zusammen. Hast du in einem Stück gewebt, legst du die Weberei zusammen und schließt die beiden Seitennähte. Wenn es dir gefällt, schmückst du die Tasche noch mit einer Franse oder einem großen Knopf. Am besten sieht ein Knopf aus Holz aus. Die oberen Ränder der Tasche hast du schmal umgeschlagen und angesäumt. Noch besser hält es, wenn du ein farblich passendes Band von innen gegennähst, mit dem du den Rand der Webarbeit gleich mit versäuberst. Als Henkel haben wir aus 3 Strängen zu je 4 Fäden gelber Wolle einen Zopf geflochten, die Enden verknotet und als Fransen hängen lassen. Nähe den „Riemen" aber fest an.

FREIES WEBEN

Unter diesem Begriff verstehen wir Webarbeiten mit Naturmaterialien, bildhafte Webereien und das „Fingerweben".

PORTRÄT MEINES FREUNDES

Du brauchst dazu:
einige Wollgarnreste und einen – selbstgebauten – Webrahmen, bei dem die Abstände der Kettfäden etwa $\frac{3}{4}$ cm betragen (↑ Seite 36).

Wir nahmen beige-braune Farbtöne und für die Kette beigefarbenes Wollgarn. Gewiß sind auch andere Farben denkbar. Das kleine Porträt ist nicht schwer zu weben. Die dicke Wolle wird nur locker eingewebt. Die Schußfäden brauchen nicht mit der Gabel fest angeschlagen zu werden; wir haben sie nur mit den Fingern leicht aneinandergeschoben. Die durch den Farbwechsel entstehenden Schlitze sind nur an wenigen Stellen durch Verschlingen der Schußfäden zusammengehalten. Am Ende der Arbeit wird oben durch die Kettfäden ein Zweig oder ein dünner Stab gezogen zum Aufhängen des Bildes. In die Kettfäden des unteren Randes sind Fransen eingeknüpft. Wir haben das Porträt „frei", also ohne Vorlage gewebt. Besser ist, eine farbige Zeichnung in Originalgröße anzufertigen und während der Webarbeit unter den Webrahmen zu legen. Wenn du so arbeitest, siehst du dann in jeder Schußreihe, wann die Farben gewechselt werden müssen, wo du die Augen einzuweben hast und an welche Stelle der Mund gehört.

Hast du aber mit dem Porträt „den ersten Schritt vom Streifen weg" und hin zum freien Weben getan, gelingt dir sicher auch das größere Wandbild mit dem Federtier, das wir nachfolgend beschreiben.

BILDTEPPICH

Du brauchst dazu:
Webrahmen,
dicke Nadel,

Gabel oder Kamm,
dünnen, glatten Bindfaden.
Wollreste in mehreren Farben, in unterschiedlicher Stärke und Struktur.

Wir haben für unseren Ententeppich Grau- und Brauntöne gewählt, die Arbeit also „Ton-in-Ton" gehalten. Als Webrahmen benutzten wir einen alten Bilderrahmen mit eingeschlagenen Nägeln zum Befestigen der Kettfäden. Seine Abmessungen: 39 cm × 27 cm. Du kannst aber ebensogut einen anderen Rahmen verwenden mit anderen Maßen.

Diesen Rahmenmaßen entsprechend malst du zuerst das Motiv, das du weben möchtest, auf Papier. Du machst also einen *Entwurf*. Lege ihn gleich in Farbe an, dann kannst du dich beim Weben danach richten. Wähle nicht zu kleine Details, die lassen sich nur schwer in Webtechnik ausführen. Schau dir daraufhin unseren Teppich mit der Ente an (Seite 37).

Ziehe die Kettfäden auf. Am besten nimmst du dünnen, nicht fasernden Bindfaden. Achte auf gleichmäßige Spannung. Fadenanfang und -ende verknotest du am Rahmen.

Wir haben für unseren Bildteppich 100 Kettfäden gespannt. Du mußt dich bei der Anzahl selbstverständlich nach deinem Entwurf richten.

Jetzt beginnt das Einweben der Schußfäden. Dabei mußt du einiges Neue beachten. Unser Ententeppich ist aus einzelnen Formen zusammengesetzt: die Ente mit all ihren Körperteilen (rotbraune Füße, dunkler Bauch, heller, flauschiger Flügel ...), Erde und Himmel (der Hintergrund) bestehen aus unregelmäßigen Farbflächen von weiß über beige und grau bis schwarz.

Alle Formen müssen einzeln gewebt werden.

Du webst hier nicht in durchgehenden waagerechten Reihen, also vom rechten äußeren zum linken äußeren Kettfaden und wieder zurück, sondern nur innerhalb der Grenzen der einzelnen Farbflächen hin und her. Du hast es schon beim Porträt geübt. Die Fadenenden bleiben auf der Rückseite hängen.

Wir haben unseren Teppich unten rechts mit weißem Schußfaden begonnen, den Schußfaden aber nur bis zum 66. Kettfaden geführt und dann wieder zurück bis zum rechten Rand. In solchen verkürzten Reihen wurde der weiße Schußfaden dreimal hin und her gewebt. Dann verkürzten wir die Reihen auf nur 18 Kettfäden und webten in dieser Breite auch dreimal hin und her. Die folgenden weißen Reihen sind nur noch über 12 Reihen gewebt. Auf diese Weise entstand die weiße Fläche rechts unten.

In die nun noch frei liegenden linken Kettfäden wird mit grauer Wolle dreimal hin und her gewebt. Danach werden die grauen Webreihen nach rechts verlängert bis zum Ende der verkürzten weißen Reihen.

Über der grauen Farbfläche liegen links einige Reihen, mit Bindfaden gewebt, rechts davon befindet sich eine erdfarbene Fläche, und links wurde wieder ein weißer Fleck eingewebt. Du kannst deine Webarbeit natürlich auch ganz anders gestalten.

Verläuft die Grenzlinie zwischen zwei Farbflächen senkrecht (also parallel zu den Kettfäden), entstehen beim Nacheinanderweben der Flächen Längsschlitze (z. B. bei den ersten Reihen Weiß und Grau an unserem Bildteppich). Wenn du ohne solche Schlitze weben willst, mußt du die Fäden (hier weiß und grau) umeinander-

schlingen. Das wird so gemacht: Du webst den weißen Faden bis zum 66. Kettfaden ein. Danach nimmst du den grauen Faden und webst damit bis zum linken Rand und wieder zurück. Nun schlingst du den weißen Faden um den grauen und webst weiß bis zum rechten Rand und wieder zurück. Jetzt werden die beiden Fäden wieder verschlungen und du webst mit Grau zum linken Rand und wieder zurück. Die aneinanderstoßenden Schußfäden (weiß und grau) werden also jeweils miteinander verschlungen, so daß keine Schlitze entstehen (↑ Webprobe, Seite 37 links, rechter Entenfuß – rotbrauner und weißer Schußfaden).
Arbeitest du mit doppeltem Faden, ergibt sich eine Farbmischung (↑ Webprobe, Entenkörper: schwarze und beigefarbene Wolle). Auch das Nebeneinander von glattem und rauhem Garn (↑ Entenflügel und Entenkörper) kann reizvoll sein, weil dadurch eine lebhafte Oberfläche der Webarbeit entsteht. Besonders kleine Details (↑ Entenauge mit Pupille) stickst du am besten auf.
Bei ganz schmalen senkrechten Formen (↑ Entenfuß) wird der

Schußfaden in gewünschter Höhe um den Kettfaden herumgeschlungen.
Ist das Gewebe fertig, verstichst du die Fadenenden auf der linken Seite.
Die Kettfadenschlingen schneidest du auf und befestigst sie. Dafür gibt es mehrere Möglichkeiten:

– Die Fadenenden der Kettfäden werden miteinander verknotet und dann gleichmäßig verschnitten, so daß Fransen entstehen (unterer Rand).
– Das Gewebe (mit den Kettfadenenden) wird schmal nach links umgeschlagen und festgenäht.
Dadurch werden die Kettfäden

gleich mit befestigt (oberer Rand).
– Die Kanten des Gewebes werden mit farblich passendem Band eingefaßt und so versäubert. Willst du den Teppich an die Wand hängen, kannst du durch den Umschlag am oberen Rand eine schmale Leiste oder ein Rundholz führen. An den Enden befestigst du die Schnur zum Aufhängen.

ERINNERUNG AN EINEN SPAZIERGANG

Den Webrahmen für diese Arbeit bastelst du nach der Abbildung selbst: 4 Äste werden über Kreuz an den Enden zusammengebunden. Die Äste müssen nicht unbedingt schnurgerade sein.
Als Kette sieht ein sehr dünner, naturfarbener Faden am besten aus. Die Kette wird nicht „vollgewebt", wie etwa bei den kleinen Teppichen. Du webst (schiebst) nur wenige Schußreihen ein aus Material, das du gefunden hast: Gräser, Schilfblätter, ein Lärchenzweig, trokkene Blüten, Fruchtstände, Federn.
Manches, wie Blüten, Nebenästchen oder längere Blätter, ragt aus der Webarbeit hervor.

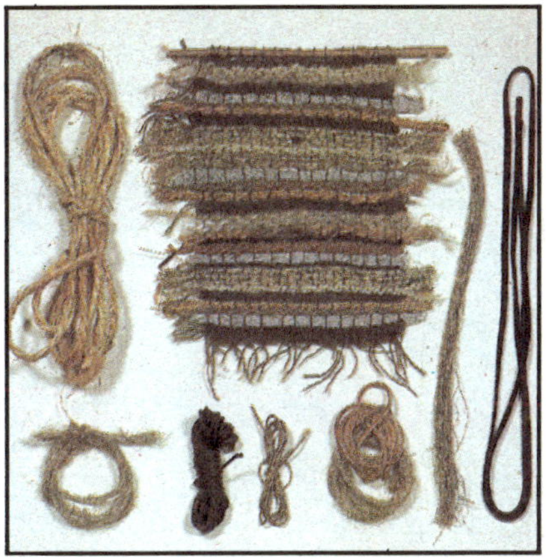

Dadurch sieht dein Bild besonders lebendig aus und ist ein hübscher Schmuck zur Erinnerung an den Urlaub.

WEBEREI MIT NATURMATERIAL

Material: Bänder, Wolle, Schnüre, Hanf, Schafwolle, Kokosgarn (aus einem alten Läufer),
fasernder dicker Bindfaden, alles ist möglich.
Den Webrahmen kannst du selber bauen aus 4 einigermaßen geraden Ästen, die du zusammenbindest, wie es die Abbildung links zeigt. Für die Kette nimmst du dünnes Garn. Die Kettfäden haben einen Abstand von etwa $\frac{3}{4}$ cm. Die „Schußmaterialien" werden ganz nach Belieben nacheinander eingewebt. Das starre Material, wie Kokosgarn, oder auch besonders dickes Material mußt du mehr hineinschieben bzw. -stopfen als -weben. Du kannst es auch immer nur für eine Schußreihe verwenden. Links und rechts werden die Fäden nicht vernäht, sondern etwas überstehend abgeschnitten: Ein dünner Ast wird zum Schluß oben eingeschoben, er paßt gut zu dieser Arbeit und dient gleich zum Aufhängen des „Wandteppichs". Am unteren Rand verknotest du die Schußfäden und läßt die Enden als Fransen hängen.

RUNDWEBEN – STRAHLENWEBEREI

GROSSE TASCHE MIT STREIFENMUSTER

Du brauchst dazu:
1 Stück feste Pappe in Größe der gewünschten Tasche; am oberen Rand etwa 5 cm höher (↑ Abb. Seite 42, rechts, Arbeitsprobe), festes Garn (am besten dünnen Bindfaden) für die Kettfäden, farbige Garnreste zum Einweben, 1 Ring aus Metall, Plast oder Holz.

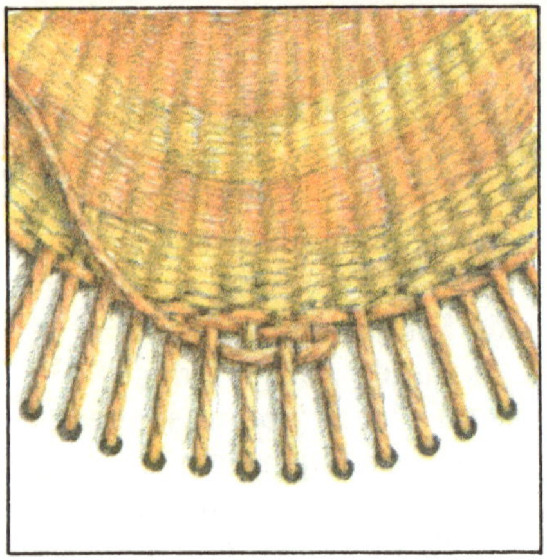

Überlege dir bei der Farbwahl, zu welchen Kleidungsstücken die Tasche passen soll.
So wird es gemacht:
Zeichne die Form der Tasche in gewünschter Größe auf die Pappe; gib oben etwa 5 cm zu, ringsum genügt eine Zugabe von 0,5 cm. Schneide die Pappe ringsum in regelmäßigen Abständen (etwa 1 cm) etwa 3 mm tief ein. Diese Schlitze geben den Schußfäden Halt.
Befestige den Ring oben mit ein paar Stichen (festes Garn nehmen!) genau in der Mitte der Pappe (↑ Abb.) Spanne, vom Ring ausgehend, die Kettfäden strahlenförmig jeweils um 2 Randschlitze in der Pappe. Um die ersten und die letzten beiden Schlitze führst du den Kettfaden doppelt, auf diese Weise bekommt der Rand der Tasche mehr Halt.
Zur Kontrolle: Die Fäden liegen alle auf der Oberseite der Pappe. Auf der Rückseite siehst du nur die Fadenschlaufen, die um die kleinen Schlitze herumführen.
Ist dieser Arbeitsgang – das Aufbringen der Kettfäden – beendet, beginnt das Weben. Fange am Ring an. Gewebt wird wie am rechteckigen Rahmen von rechts nach links und wieder zurück zum rechten Rand. Wir wählten ein mehrfarbiges Streifenmuster (links). Zum Erreichen der runden Form führst du ab und zu die Schußfäden nicht bis zum

Rand durch, sondern wendest bereits nach etwa zwei Dritteln, webst über das mittlere Drittel zurück, wendest wieder und arbeitest von da aus dann wie gewohnt bis zum Rand. Durch solche zusätzlichen Webgänge in der Mitte der Arbeit bildet sich die gewünschte Taschenform. Sieh dir daraufhin die Tasche an: Wir haben die zusätzlichen verkürzten Reihen nur bei den breiten Streifen ausgeführt. Deshalb sind diese Streifen auch im mittleren Teil breiter als am Rand.

In dieser Weise webst du bis fast zum Rand weiter. Schiebe dann vorsichtig die Kettfädenschlaufen von der Pappe, lege die Arbeit flach auf den Tisch und webe den restlichen Streifen, bis die Räume am Ende der Kettfäden ausgefüllt sind.

Webe danach die zweite Taschenhälfte genauso wie die erste. Lege beide Teile aufeinander und nähe sie in der Rundung fest zusammen. Verstich Anfang und Ende des Nähfadens gut. Flicht den Henkel.

Wir haben es so gemacht: Aus jeweils 6 Fäden einer Wollfarbe haben wir drei Zöpfe geflochten, deren Länge der reichlichen Länge des fertigen Henkels entsprach. Diese

3 Zöpfe haben wir dann zum Henkel zusammengeflochten, Anfang und Ende des dicken Zopfes wurden verknotet wie schon vorher Anfang und Ende der dünnen einfarbigen Zöpfe. Diese Enden bleiben als Quasten stehen.
Befestige den Henkel gut zu beiden Seiten des oberen Taschenrandes. Nähe lieber ein paar Stiche mehr, damit der Henkel lange hält.

GROSSE TASCHE IM FLÄCHENMUSTER

Die Arbeitsprobe der rechten Abbildung auf Seite 42 zeigt eine andere Flächenaufteilung. Hier wurden keine Streifen gewebt, sondern ungleich große Flächen. Du kannst dir erst einen farbigen Entwurf machen, den du unter die Kettfäden legst. Danach werden beim Weben die einzelnen Flächen „geformt". Beginne mit dem Zuschneiden der Pappe. Bringe am Rand die Schlitze an und befestige den Ring.
Spanne die Kettfäden. Vergiß nicht, die ersten und die letzten beiden Fäden doppelt zu spannen.
Die linke Abbildung auf Seite 42 zeigt, wie man eine Tasche in einem Stück weben kann. Auf Vorder- und Rückseite der Pappe wird jeweils ein Ring befestigt. Statt der Schlitze am Rand bohrst du in der Umrißlinie der Tasche Löcher in die Pappe, durch die du die Kettfäden ziehst. Sie werden dann auf Vorder- und Rückseite durch die Ringe gezogen.
Nun fängst du an zu weben. Wir haben die ersten Reihen hin und her gewebt, so daß sich zunächst ein durchgehender Streifen ergab. Dann begannen wir mit den verschieden großen Flächen. Dort, wo die Farbflächen seitlich aneinanderstoßen, werden die Schußfäden umeinander geschlungen, damit keine Schlitze entstehen (↑ Seite 37 und 39). Die Flächen sollten sich in Länge, Breite, Farbe und Beschaffenheit des Materials und in der Dichte des Schußfadens unterscheiden, damit eine lebhafte Oberfläche entsteht. Unsere Arbeitsprobe zeigt nur ein Beispiel, viele andere sind möglich

KLEINE RUNDE TASCHE UND UNTERSETZER

Die Webtechnik gleicht der von der großen Tasche im Streifenmuster. Nur bildet hier der Kreis die Ausgangsform.
Du brauchst dazu:
1 Stück Pappe in der gewünschten Größe,
Garnreste, für Untersetzer am besten Bast.
Schneide in den Rand der kreisrunden Pappe ringsum Schlitze. Es muß unbedingt eine *ungerade Zahl* sein, sonst geht die Anzahl der Kettfäden nicht auf, du kannst nicht in regelmäßigen Runden weben. Beginne von der Mitte aus den Schußfaden einzuweben. Das ist in den ersten Runden etwas mühsam. Paß auf, daß du die Kettfäden der Reihe nach durchwebst. Bist du fast am Rand angekommen, nimm die Arbeit von der Pappe, webe die ersten Runden ein. Für ein Täschchen brauchst du zwei gleichgroße runde Teile, die du reichlich zur Hälfte ringsum zusammennähst und mit einem geflochtenen (↑ Zöpfe) oder gedrehten (↑ Schnuren) „Riemen" versiehst (↑ Abb. Seite 43).
Untersetzer aus Bast webst du in derselben Technik. Schön ist es, wenn du 6 kleinen Bastuntersetzern einen größeren zugesellst. Sieh dir die Abbildung auf Seite 43 an.

2. Kapitel

Häkeln

Schon aus dem Mittelalter sind Häkelarbeiten bekannt, aber vermutlich ist die Häkeltechnik noch viel älter. Sie bietet dir viele Anwendungsmöglichkeiten, weil du mit ganz dicker Wolle, mit Bindfaden, ja sogar mit Stoffstreifen, aber auch mit sehr feinem Garn häkeln kannst.

MATERIAL UND ARBEITSMITTEL

Das einzige Gerät zum Häkeln ist die Häkelnadel. Sie muß immer zur Stärke des Fadens passen. Deshalb gibt es Häkelnadeln in verschiedenen Stärken und Längen, aus Metall oder aus Plast (↑ Abb.). Die Nadeln aus Metall und Plast können für die meisten Arbeiten verwendet werden. Je nach der Fadenstärke wählst du die Stärke der Nadel. Sie ist meist am Nadelgriff in Millimetern (nach dem Nadeldurchmesser) angegeben: 2 mm, 2½ mm, 3 mm, 3½ mm bis 6 mm.

Kleine Nadeln sind nur für feine Garne geeignet. Auch hier gibt es verschiedene Stärken. Da die winzigen Haken sehr empfindlich sind, werden die Nadeln mit einer Steckhülse geschützt. Diese Hülse schiebt man beim Häkeln auf das Griffende zur Verlängerung des Griffs (↑Bildmitte, Seite 46).

☞ MERKE: *Feine Häkelnadeln für feine Garne, starke Nadeln für starke Garne.*

Am Anfang nimmst du sogenanntes *Schulhäkelgarn* oder ein anderes *glattes Garn*, das sich nicht so leicht spaltet und deshalb gut verarbeiten läßt. Für die allerersten Übungen genügen auch *Wollreste.*
Suche dir aber schöne Farben aus, damit die Arbeit Spaß macht!
Wenn du später eine „richtige" Häkelarbeit beginnst, mußt du dir die Garnmenge besorgen, die in der Beschreibung angegeben ist, denn es ist nicht immer möglich, Garn in gleicher Farbe nachzukaufen. Der Fachmann sagt „Farbpartie". Sie wird durch eine Nummer auf der „Banderole" gekennzeichnet. Darauf ist außerdem vermerkt, welche Nadelstärke für das betreffende Garn am besten geeignet ist. Richte dich danach oder laß dich von Fachleuten beraten.

☞ MERKE: *Besorge dir vor Beginn der Häkelarbeit die ausreichende Menge Häkelgarn und die dazu passende Häkelnadel.*

Auch beim Häkeln legst du das Wollknäuel in einen Handarbeitsbehälter, notfalls in einen Topf, damit es nicht schmuddelig wird. Praktisch ist ein Foliebeutel, in dem du deine Häkelei auch mit aufbewahren kannst.
Daß du zum Arbeiten gutes Licht und saubere Hände haben solltest, weißt du. Zuerst werden deine Hände vor lauter Anstrengung tüchtig ins Schwitzen geraten, weil sie Nadel und Faden viel zu fest packen. Das geht allen Häkelanfängern so. Hast du erst die richtige Handhaltung geübt und kannst die ersten Häkelmaschen, dann lockert sich der Griff von ganz allein. Mache öfter mal eine Pause und schüttle die Hände kräftig aus!

HANDHALTUNG

Um den „Arbeitsfaden" gut führen zu können, wickelst du ihn um den Zeigefinger der linken Hand, und zwar so: Nimm das Fadenende zwischen Daumen und Zeigefinger der rechten Hand, führe den Faden zwischen kleinem Finger und Ringfinger der linken Hand von außen nach innen, dann zwischen linkem Zeige- und Mittelfinger wieder nach außen (↑Abb. Seite 48).
Nun erst wickelst du ihn zweimal um den Zeigefinger (a). Vergleiche mit der Abbildung. Versuche es gleich noch einmal und am besten noch ein drittes Mal. Mittel- und Zeigefinger der linken Hand halten den Faden fest; dabei hängt das Fadenende etwa 15 cm nach unten. Sieh dir die Abbildung b an. Die Häkelnadel nimmst du zwischen Daumen, Zeige- und Mittelfinger, so wie du beim Schreiben den Stift hältst (c).
Zur Bildung der *Anfangsschlinge* legst du das Fadenende von unten nach oben über den linken Daumen. Stich mit der Häkelnadel in diese Fadenschlinge ein, ziehe mit dem Häkchen den vom Zeigefinger kommenden Faden hindurch.

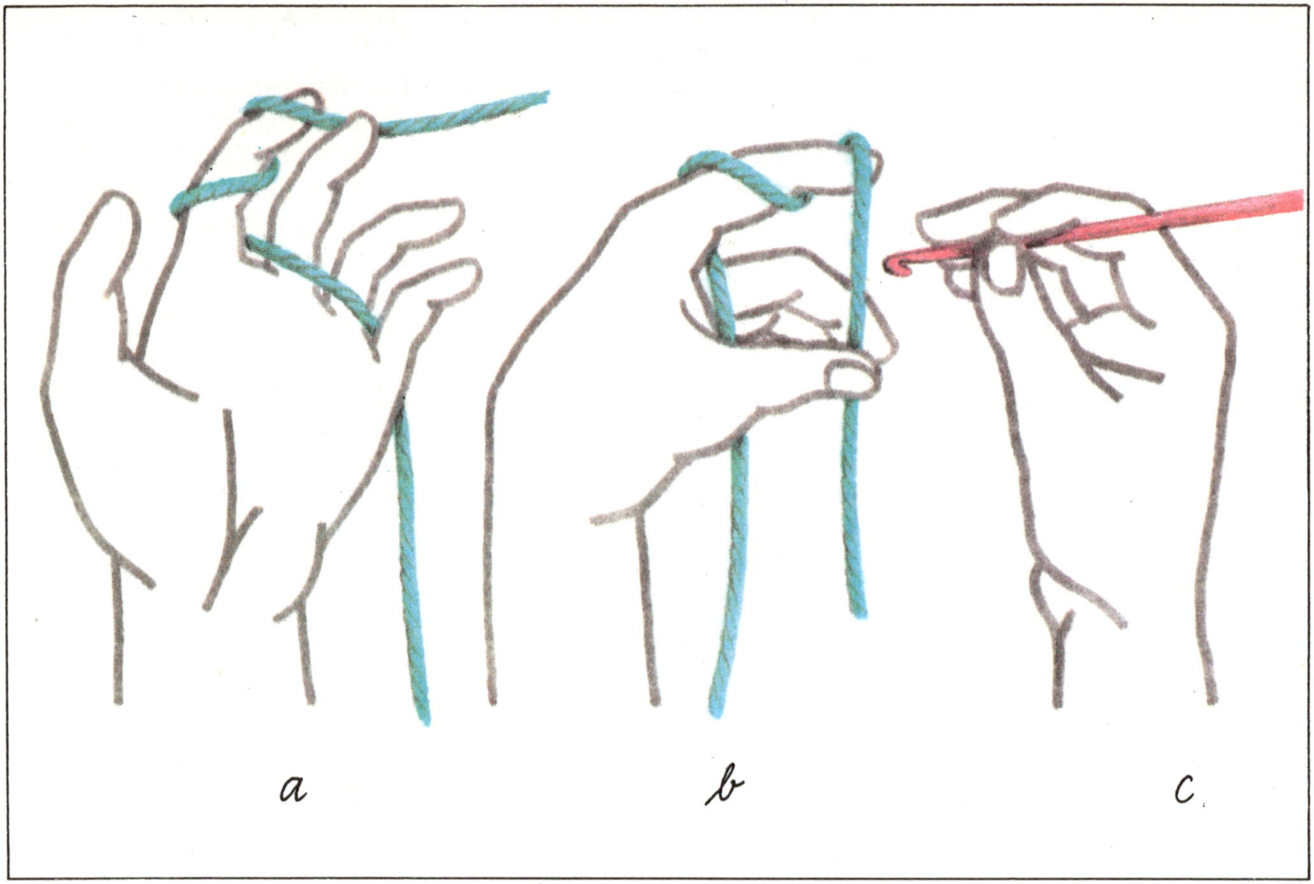

Nun ziehe die Schlinge straff und lasse dabei den Faden vom Daumen gleiten. Sollte dir diese Beschreibung zu schwierig sein, dann sieh dir die Abbildungen d und e an und probiere die Anfangsschlinge noch wenigstens dreimal. Jetzt klappt es bestimmt „im Schlaf“!

DIE MASCHENARTEN

Häkeln ist nichts weiter, als mit einer „Hakennadel" aus einem Faden Schlingen zu bilden, die ineinanderhängen. Diese Schlingen heißen *Maschen*, Häkelmaschen. Nach ihrer Form hat jede Masche ihren Namen. Die wichtigsten Häkelmaschen sollen in diesem Abschnitt vorgeführt werden. Im Foto rechts zeigen wir, wie die Häkelmaschen aussehen sollen. In der Zeichnung daneben siehst du, wie es gemacht wird. Rechts in der Zeichnung stehen die Zeichen (Symbole) für die jeweilige Maschenart.

Du wirst

· zuerst den Text lesen,
· die Abbildung genau ansehen,
· die Maschen probieren,
· die Häkelmaschen mit dem Foto vergleichen,
· weiterüben, bis die Maschen ganz gleichmäßig sind,
· zum Schluß das Symbol merken.

LUFTMASCHEN

Fast alle Häkelarbeiten beginnen mit einer *Luftmaschenkette*, auch Anschlag genannt (↑ Abb. 1 und a). Auf

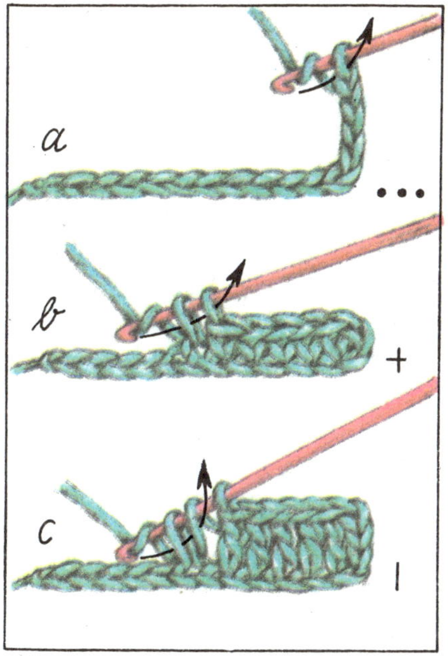

deiner Häkelnadel liegt die *Anfangsschlinge.* Ziehe den Arbeitsfaden mit der Häkelnadel durch die Anfangsschlinge hindurch. Damit hast du eine neue Schlinge auf der Häkelnadel: Die erste Luftmasche ist fertig! Dieses Fadenholen und Schlingenbilden wiederholst du nun so oft, bis du eine lange Luftmaschenkette gehäkelt hast. Willst du die Kette abschließen, dann schneide den Arbeitsfaden in etwa 10 cm Länge ab, ziehe das Fadenende durch die Schlinge auf der Nadel und die Häkelnadel heraus.

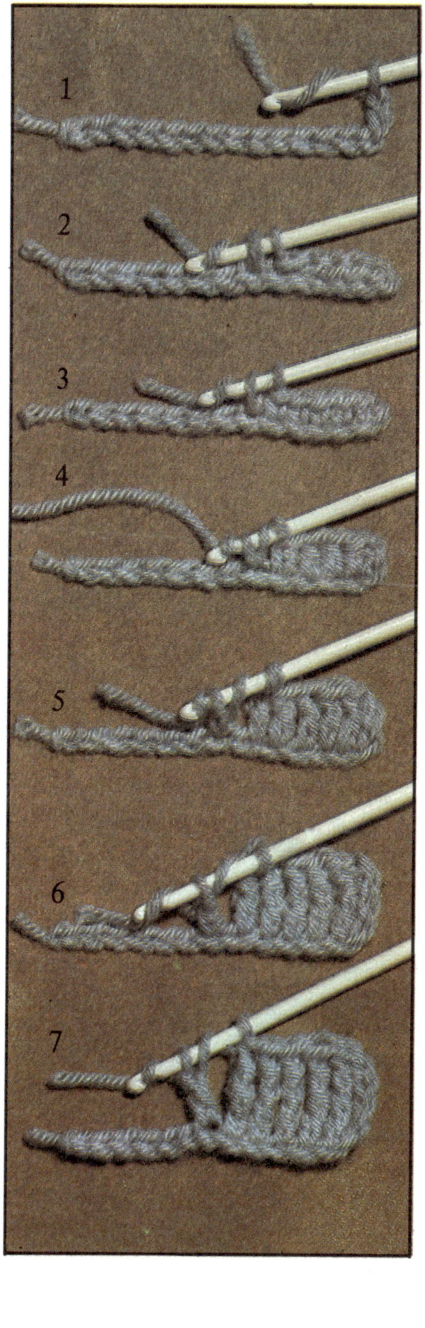

Das Zeichen für die Luftmasche ist ein Punkt: •
Wenn du noch Lust hast, beginne eine neue Luftmaschenkette, vielleicht in einer anderen Farbe, mit dickerem oder auch dünnerem Faden.
Nun prüfe deine Arbeit: Du hast gut gehäkelt, wenn eine Schlinge der anderen gleicht. Sollte deine Kette aus sehr unterschiedlich großen Kettengliedern bestehen, ist wohl am besten, du übst morgen noch ein bißchen, bevor du die nächste Maschenart zu üben beginnst.
Inzwischen kannst du schon überlegen, wozu du die Luftmaschenketten verwenden wirst. Einen Vorschlag bieten wir dir an: einen aus Luftmaschenketten geflochtenen Gürtel (↑Seite 55).

KETTENMASCHE

Mit einer Kettenmasche wird die Luftmaschenkette zu einem Ring geschlossen. Auch Runden aus anderen Häkelmaschen werden mit einer Kettenmasche abgeschlossen.
So wird es gemacht: Führe die Häkelnadel durch die erste Luftmasche der Luftmaschenkette, hole mit der Nadel den Arbeitsfaden und ziehe ihn durch das Luftmaschenglied *und* durch die Schlinge auf der Häkelnadel. Dieses Durchziehen nennt man auch *Abmaschen.* Sieh dir die Probe 2 auf Seite 49 an.
Zum *Üben der Kettenmaschen* häkelst du 15 Luftmaschen. Halte mit der linken Hand die Luftmaschenkette fest. Stich mit der Häkelnadel in die vorletzte, die 14. Luftmasche ein, hole den Faden und ziehe ihn durch das Luftmaschenglied und zugleich durch die Schlinge auf der Nadel. Stich jetzt in die 13. Luftmasche ein, hole den Faden und ziehe durch. Einstechen in die 12. Luftmasche, Faden holen, durchziehen und so weiter, bis über allen Luftmaschen der Luftmaschenkette eine Kettenmasche gehäkelt ist. Vergleiche deine Arbeit mit dem Foto. Präge dir das Zeichen für die Kettenmasche ein: ⌒

FESTE MASCHEN

Die feste Masche (↑Abb. 3 und b, Seite 49) ähnelt der Kettenmasche. Zum Üben beginne mit einer Luftmaschenkette von 15 Luftmaschen. Nun folgt die feste Masche. Halte die Kette mit der linken Hand fest. Stich mit der Häkelnadel in die 14. Luftmasche ein, hole den Faden und ziehe ihn durch das Luftmaschenglied. Auf der Häkelnadel liegen jetzt 2 Schlingen. Hole wieder den Faden und ziehe ihn *durch beide Schlingen* hindurch. Das ist die erste feste Masche. Stich jetzt in die 13. Luftmasche, hole den Faden und ziehe ihn zuerst nur durch das Luftmaschenglied. Hole den Faden noch einmal und masche die beiden Schlingen auf der Häkelnadel zugleich ab. Die zweite feste Masche ist fertig. Stich nun in die nächste Luftmasche ein und hole den Faden und … Aber das weißt du ja. Häkle feste Maschen bis zum Ende der Luftmaschenkette. Vergleiche deine Arbeit mit dem Foto und der Zeichnung und präge dir auch das Zeichen für die feste Masche ein: +

☞ MERKE: *Feste Maschen ergeben ein dichtes Maschenbild.*

DIE WENDELUFTMASCHE

Willst du mehrere Reihen feste Maschen übereinander häkeln, mußt du das *Wenden* lernen:

Du hast über alle Glieder der Luftmaschenkette feste Maschen gehäkelt. Nun häkelst du eine Luftmasche, die *Wendeluftmasche*, und wendest die Arbeit. Die zweite Reihe wird also auf der Rückseite gehäkelt. Du häkelst in jedes obere Glied der festen Maschen der ersten Reihe eine feste Masche. Lasse kein Maschenglied aus. Die zweite Reihe muß wie die erste aus 14 festen Maschen bestehen. Zähle nach! Am Ende häkelst du wieder eine Wendeluftmasche, wendest die Arbeit und häkelst die dritte Reihe feste Maschen, es müssen ebenfalls 14 sein. So geht es in Hin- und Rückreihen weiter, bis die Arbeit so hoch gewachsen ist, wie du es dir wünschst. Beim Häkeln von Stäbchen braucht man mehrere Wendeluftmaschen (↑ Abschnitt Stäbchen).

☞ MERKE: *Wird in hin- und herlaufenden Reihen gehäkelt, braucht man zum Wenden Wendeluftmaschen. Ihr Zeichen ist ein dicker Punkt.*

STÄBCHEN

Diese Häkelmaschen sind schmal und hoch wie kleine Stäbe. Nach ihrer Höhe bezeichnet man sie als halbe Stäbchen, einfache Stäbchen, Doppelstäbchen, dreifache, vierfache oder fünffache Stäbchen. So werden sie gehäkelt:

Halbe Stäbchen (↑ Abb. 4, Seite 49): Häkle zum Üben zuerst eine Luftmaschenkette aus 16 Luftmaschen. Die letzten beiden Luftmaschen sind die Wendeluftmaschen. Schlinge den Arbeitsfaden um die Nadel. Stich in die 14. Luftmasche ein. Hole den Faden und ziehe ihn durch das Luftmaschenglied. Du hast jetzt 3 Schlingen auf der Nadel. Hole den Faden noch einmal und ziehe ihn durch alle 3 Schlingen zugleich hindurch. Die 3 Schlingen werden also zusammen „abgemascht". Das erste halbe Stäbchen ist fertig. Dieser Arbeitsgang wird wiederholt. Also: Faden um die Nadel schlingen, in die nächste Luftmasche einstechen, den Faden holen und durch das Luftmaschenglied ziehen. Dann den Faden noch einmal holen und in einem Zug durch alle 3 Schlingen auf der Nadel ziehen. Sieh dir die Abbildung an. Übe noch ein paar halbe Stäbchen. Vergleiche deine Arbeit mit dem Foto und präge dir das Symbol für halbe Stäbchen ein:

Bist du mit der ersten Reihe fertig, häkelst du *2 Wendeluftmaschen* und arbeitest die zweite Reihe halbe Stäbchen. Du mußt dabei in jedes obere Maschenglied der ersten Stäbchenreihe einstechen. Auch die zweite Reihe, die Rückreihe, muß aus 14 halben Stäbchen bestehen. Zähle nach. Wenn du weiter häkeln willst, darfst du am Reihenende die 2 Wendeluftmaschen nicht vergessen.

☞ MERKE: *Halbe Stäbchen sind etwas „luftiger" als feste Maschen. Zum Wenden werden 2 Wendeluftmaschen gearbeitet.*

Einfache Stäbchen. Du beginnst zum Üben mit einer Luftmaschenkette von 17 Luftmaschen. Die letzten 3 Luftmaschen sind die Wendeluftmaschen. Schlinge den Arbeitsfaden *einmal* um die Häkelnadel. Stich in das 14. Luftmaschenglied ein und hole den Faden. Du hast nun 3 Schlingen auf der Nadel. Hole den Faden und ziehe ihn durch 2 Schlingen. Hole den Faden noch einmal und masche die übrigen beiden Schlingen auf der Nadel ab.

Das erste Stäbchen ist fertig. (↑ Abb. 5 und Abb. c, Seite 49). Schlinge den Faden um die Nadel. Stich in das nächste Luftmaschenglied. Hole den Faden und ziehe ihn durch 2 Schlingen. Hole den Faden noch einmal und ziehe ihn durch die restlichen beiden Schlingen auf der Nadel. Fertig ist das zweite Stäbchen. Überprüfe deine Arbeit. Vergleiche sie mit dem Foto. Wenn du zufrieden bist, häkelst du die Reihe zu Ende. Es müssen 14 einfache Stäbchen sein. Häkle 3 Wendeluftmaschen, wende die Arbeit und beginne mit der zweiten Stäbchenreihe, der Rückreihe. Stich stets in das obere Maschenglied der ersten Reihe ein. Prüfe, daß auch die Rückreihe aus 14 Stäbchen besteht. Vergiß vor Beginn der nächsten Reihe die 3 Wendeluftmaschen nicht. Präge dir das Zeichen für das einfache Stäbchen ein: |

☛ MERKE: *Eine Häkelarbeit aus Stäbchen ist weicher als eine aus festen Maschen. (↑ Abb. 1, oben = feste Maschen; Abb. 3 = Stäbchen). Zum Wenden braucht man bei Stäbchenreihen 3 Luftmaschen.*

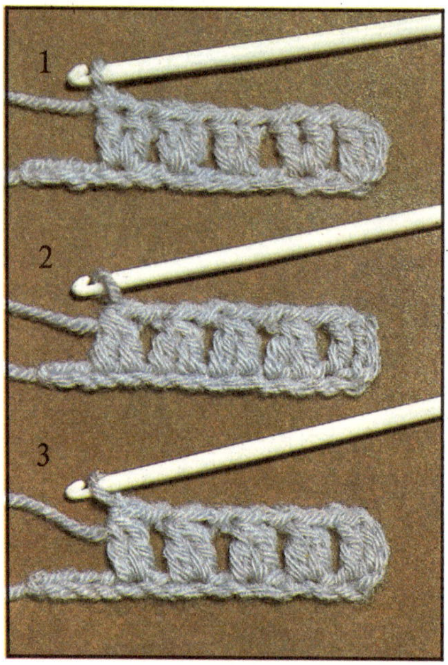

Das Doppelstäbchen (↑ Abb. 6, Seite 49). Erst wenn du einfache Stäbchen ganz gleichmäßig häkeln kannst, solltest du Doppelstäbchen probieren. Sie sind höher als einfache Stäbchen und schwieriger zu häkeln. Du beginnst mit 18 Luftmaschen. Die letzten 4 Luftmaschen sind die Wendeluftmaschen. Schlinge den Faden *zweimal* um die Häkelnadel. Sieh dir die Abbildung an. Stich in die 14. Luftmasche ein und hole den Faden. Du hast jetzt 4 Schlingen auf der Nadel. Hole den Faden und ziehe ihn durch 2 Schlingen. Hole den Faden noch einmal und ziehe ihn durch die beiden nächsten Schlingen. Hole den Faden zum dritten Mal und ziehe ihn durch die letzten beiden Schlingen auf der Nadel. Erst jetzt ist das Doppelstäbchen fertig.
Zur Wiederholung: Den Faden zweimal um die Nadel schlingen. In das nächste Luftmaschenglied einstechen, Faden holen und 2 Schlingen abmaschen. Wieder den Faden holen und 2 Schlingen abmaschen und noch einmal den Faden holen und die letzten beiden Schlingen abmaschen. Das war das zweite Doppelstäb-

chen. Vergleiche mit dem Foto. Wenn dir die Arbeit gefällt, häkle noch 12 Doppelstäbchen. Dann ist die Reihe fertig. Zum Wenden mußt du 4 Wendeluftmaschen häkeln. Die Rückreihe muß ebenfalls aus 14 Doppelstäbchen bestehen. Präge dir das Zeichen für Doppelstäbchen ein: ┼

☞ MERKE: *Bei Reihen aus Doppelstäbchen braucht man 4 Wendeluftmaschen. Doppelstäbchen ergeben eine lockere Häkelarbeit.*

Das Dreifachstäbchen (↑ Abb. 7, Seite 49). Wenn du das auch probieren möchtest, beginnst du mit 19 Luftmaschen; denn für diese sehr hohen Stäbchen braucht man 5 Wendeluftmaschen.
Schlinge den Faden *dreimal* um die Nadel. Stich in die 14. Luftmasche ein, hole den Faden und ziehe ihn durch das Luftmaschenglied. Du hast jetzt 5 Schlingen auf der Häkelnadel. Hole den Faden und masche 2 Schlingen ab. Hole den Faden wieder und masche die nächsten beiden Schlingen ab. Wieder den Faden holen, wieder 2 Schlingen abmaschen. Den Faden zum vierten Mal holen und die letzten beiden Schlingen auf der Nadel abmaschen. Das ist das erste Dreifachstäbchen. Probiere das zweite: Faden dreimal um die Nadel schlingen, in das nächste Luftmaschenglied einstechen und den Faden hindurchziehen. Nun den Faden holen, durch 2 Schlingen ziehen, Faden holen, 2 Schlingen abmaschen und so weiter, bis alle Schlingen abgemascht sind. Prüfe deine beiden Dreifachstäbchen. Vergleiche sie mit dem Foto auf Seite 49, präge dir das Zeichen dafür ein: ‡
Wenn du magst, häkelst du noch 12 weitere Dreifachstäbchen. Willst du noch eine zweite Reihe häkeln, darfst du 5 Wendeluftmaschen nicht vergessen. Hast du mehrere Reihen Dreifachstäbchen übereinander gehäkelt, wirst du feststellen, daß eine solche Häkelei sehr locker und luftig ist.

☞ MERKE:
- ❚ = *halbes Stäbchen*
- | = *einfaches Stäbchen*
- ┼ = *Doppelstäbchen*
- ‡ = *Dreifachstäbchen*

Nur Luftmaschen, Kettenmaschen, feste Maschen und die verschiedenen Stäbchen braucht man, um die schönsten Häkelarbeiten mit den schwierigsten Mustern anfertigen zu können. Das Gittermuster (↑ Abb. 2, Seite 52, oben) entsteht, wenn du abwechselnd 1 Stäbchen und 1 Luftmasche häkelst. In der 1. Reihe überspringst du immer 1 Luftmasche, in den folgenden Reihen stehen die Stäbchen stets übereinander.

MUSTER AUS LUFTMASCHEN, FESTEN MASCHEN UND STÄBCHEN

Bis jetzt hast du Grundmaschen in Reihen gehäkelt. Nun sollst du das Musterhäkeln lernen. Für jedes Detail (jede Einzelheit) im Muster gibt es ein Zeichen. Zusammengesetzte Musterdetails nennt man einen Mustersatz. Damit du Häkelmuster „lesen" lernst, geben wir dir einige Beispiele:
×× = Musterdetail
2 feste Maschen werden zusammen abgemascht. Stich in das erste Maschenglied, hole den Faden, stich in das zweite Maschenglied, hole wieder den

Faden und masche alle drei auf der Nadel befindlichen Schlingen auf einmal ab. Willst du eine Reihe arbeiten, stichst du zurück in das zweite Maschenglied, holst den Faden, dann stichst du in das dritte Maschenglied, holst wieder den Faden und maschst ab.

V = Musterdetail
2 Stäbchen werden in dieselbe Einstichstelle gehäkelt. Willst du auf diese Weise eine ganze Reihe arbeiten, mußt du jeweils eine Einstichstelle der vorhergehenden Reihe überspringen (↑ Probe 1 der Abb., Seite 52, unten).

V V V: = Mustersatz
Die Pünktchen stellen die Luftmaschenkette dar. Die Luftmaschenkette nennt man auch Anschlag. Die dicken Punkte stehen für die Wendeluftmaschen (bei Stäbchenreihen sind es immer 3 Wendeluftmaschen). Dann folgen die Zeichen für jeweils 2 Stäbchen in derselben Einstichstelle.

∧ = Musterdetail
2 Stäbchen werden zusammen abgemascht (↑ Probe 2 der Abb., Seite 52, unten).
Du schlingst den Faden um die Nadel, stichst in das 1. Maschenglied und holst den Faden. Danach schlingst du den Faden um die Nadel und maschst die beiden Schlingen ab. Nun schlingst du den Faden wieder um die Nadel, stichst in das nächste Maschenglied ein, holst den Faden und maschst 2 Schlingen ab. Du hast jetzt 3 Schlingen auf der Nadel. Hole wieder den Faden und masche die 3 Schlingen auf einmal ab.

∧ ∧ ∧: = Mustersatz
Arbeitest du eine ganze Reihe aus jeweils 2 zusammen abgemaschten Stäbchen, mußt du zwischen jedem Musterdetail 1 Luftmasche häkeln.

( ) = Musterdetail
2 Stäbchen werden in dieselbe Einstichstelle gehäkelt und zusammen abgemascht (↑ Probe 3 der Abb., Seite 52, unten).

0 0 0 0: = Mustersatz
In einer fortlaufenden Reihe wird stets eine Einstichstelle übersprungen; zwischen jeweils 2 zusammen abgemaschten Stäbchen immer 1 Luftmasche häkeln.

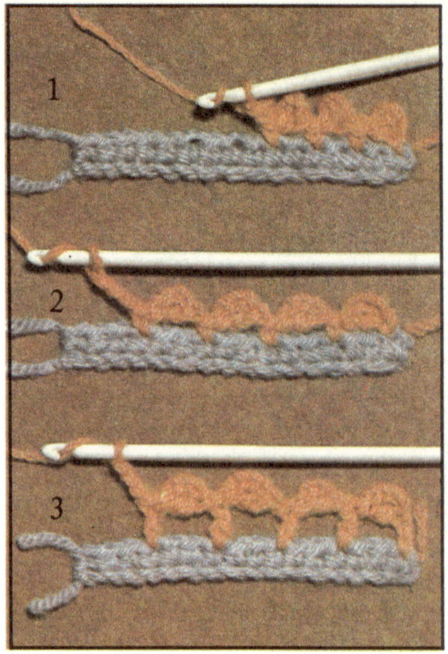

Die beschriebenen 3 Mustersätze kannst du auch mit Doppelstäbchen häkeln. (Denke aber daran, daß du bei Doppelstäbchen 4 Wendeluftmaschen brauchst!)

Um die Ränder von Häkelarbeiten zu zieren, gibt es verschiedene Möglichkeiten.

ÖSEN UND ZÄCKCHEN

○ = Musterdetail
Dieser kleine Kreis ist das Zeichen für eine kleine *Öse*, die auch *Pikot* (piko gesprochen) oder *Mäusezähnchen* genannt wird. Du häkelst 4 Luftmaschen und in die 1. Luftmasche 1 feste Masche.
Diese feste Masche schließt die kurze Luftmaschenkette zu einem kleinen Ring. Befestigt wird so ein Pikot mit 1 festen Masche oder mit 1 Stäbchen, die du in die Vorreihe häkelst.

 = Musterdetail
Soll die Öse größer werden, häkelst du 5 Luftmaschen und zurück in die 1. Luftmasche 1 Stäbchen. Auch diese *größere Öse* wird entweder mit 1 festen Masche oder mit 1 Stäbchen in der Vorreihe befestigt.
Die Abbildungen auf Seite 54 zeigen verschiedene Kantenabschlüsse mit Ösen: Bei Abbildung 2 folgt nach jeder größeren Öse 1 feste Masche, jeweils in der 3. Einstichstelle der Vorreihe.
Bei Abbildung 3 folgt nach jeder größeren Öse 1 Stäbchen in jede 4. Masche der Vorreihe.

GEFLOCHTENER GÜRTEL MIT TASCHE

Du brauchst dazu:
Reste von starker Wolle,
1 Häkelnadel Nr. 5,
1 Stopfnadel mit großem Öhr.
Du mußt Luftmaschen und feste Maschen häkeln können.
Überlege, zu welchem Kleidungsstück der Gürtel passen soll, und wähle danach die Farben aus. Auf einem einfarbigen Pulli könntest du zum Beispiel einen mehrfarbigen Gürtel tragen. Zu einem bunten Wollkleid paßt ein einfarbiger Gürtel gut, wenn du die Hauptfarbe des Kleidmusters wählst.
Du häkelst 3 etwa 75 cm lange Luftmaschenketten. Am Anfang und am Ende läßt du den Arbeitsfaden etwa 50 cm hängen. Diese Maße sind für eine Taillenweite von 60 cm berechnet. Miß nach, welche Taillenweite du hast! Knüpfe die 3 Luftmaschenketten an einem Ende mit einem festen Knoten zusammen. Flicht den Zopf. Achte beim Flechten darauf, daß du die Luftmaschenketten nicht verdrehst.

Befestige den Zopf am Ende mit einem Knoten. Nun flichst du die Fadenenden hinter dem Knoten zu Zöpfen zusammen, die du ebenfalls am Ende verknotest. Schneide die restlichen Fadenenden so ab, daß eine kleine „Quaste“ stehenbleibt (↑ Abb.). Für den Gürtel brauchst du keine Schnalle; er wird mit einem Knoten geschlossen.
Wenn es dir gefällt, häkelst du eine kleine Tasche aus festen Maschen und hängst sie an den Gürtel.
Wähle dafür eine Wollfarbe, die schon im Gürtel enthalten ist.

Beginne mit 15 Luftmaschen und 1 zusätzlichen Wendeluftmasche. In diese Luftmaschenkette häkelst du 15 feste Maschen und wendest wieder mit 1 Wendeluftmasche. Darauf folgen noch 27 hin- und herlaufende Reihen feste Maschen. Jede besteht aus 15 festen Maschen. Zähle öfter nach und vergiß die Wendeluftmaschen nicht. Das Fadenende wird dann durch die letzte Schlinge gezogen und mit der Stopfnadel gut verstochen.
Lege das gehäkelte Teil doppelt zusammen. Die Seiten des Täschchens werden mit festen Maschen zusammengehäkelt. Eine Seite häkelst du von oben nach unten, die andere Seite von unten nach oben zusammen. Dann entsteht bei den Randmaschen ein einheitliches Maschenbild. So wird es gemacht: Häkle zuerst 15 Luftmaschen. Diese Luftmaschenkette ergibt eine Schlaufe.
Dann häkelst du mit 14 festen Maschen die erste Seite des Täschchens von oben nach unten zusammen. Die andere Seite wird zuerst mit 14 festen Maschen von unten nach oben zusammengehäkelt; dann folgen noch 15 Luftmaschen für die zweite Schlaufe. Die beiden Luftmaschenketten legst du doppelt zu Schlaufen zusammen und nähst das Ende fest. Fadenenden gut verstechen. Den geflochtenen Gürtel ziehst du durch die beiden Schlaufen.

STIRNBAND MIT VERKREUZTEN BÄNDERN

Du brauchst dazu:
etwa 20 g hellblaues starkes Wollgarn,
etwa 20 g weißes starkes Wollgarn,
1 Häkelnadel Nr. 3.
Du mußt Luftmaschen und feste Maschen häkeln können.
Beginne den *Randstreifen* mit 9 Luftmaschen und 1 Wendeluftmasche mit blauer Wolle. Er soll etwa 4 cm breit sein. Häkle 9 feste Maschen, wende mit 1 Wendeluftmasche und häkle in der Rückreihe wieder 9 feste Maschen. Die letzten beiden Maschenglieder der letzten festen Maschen maschst du mit weißer Wolle ab. Häkle (weiß) 1 Wendeluftmasche und häkle dabei den hängengelassenen blauen Faden mit ein. Häkle 2 Reihen feste Maschen in Weiß, dann wieder 2 Reihen in Blau. Vergiß die Wendeluftmaschen nicht und häkle stets den jeweils hängengelassenen Arbeitsfaden mit ein. Zähle nach: Jede Reihe muß aus 9 festen Maschen bestehen. Unser Randstreifen ist 56 cm lang (= 112 Reihen). Miß nach, bevor du die Arbeitsfäden abschneidest.

Die beiden *Kreuzbänder* beginnst du ebenfalls mit 9 Luftmaschen und 1 Wendeluftmasche. Sie werden genauso gehäkelt wie der Randstreifen, allerdings sind sie nur 25 cm lang (= 50 Reihen). Nähe die Schmalseiten des Randstreifens zusammen; verstich die Fadenenden. Die Kreuzbänder werden verkreuzt am oberen Rand des Randstreifens angenäht; achte auf gleiche Abstände.

BUNTE SCHULTERTASCHE

Die Tasche mißt
18 cm × 19 cm.
Du brauchst dazu:
etwa 70 g bunte Wollreste unterschiedlicher Stärke,
1 Häkelnadel Nr. 3.
Die Farben des Wollgarns sollten aber gut aufeinander abgestimmt sein. Sieh dir unsere Tasche an und die Musterzeichnung auf Seite 58.
Folgende Maschenarten mußt du schon geübt haben: Luftmaschen, feste Maschen, halbe Stäbchen, Stäbchen und Doppelstäbchen (↑ Seite 49 bis 53 und Abb. 1 bis 6, Seite 49).
Die Tasche wird in hin- und hergehenden Reihen gehäkelt. Am Anfang der Arbeit und bei jedem Farbwechsel bleibt das Ende des Arbeitsfadens etwa 10 cm hängen. Diese Fadenenden werden später zu Fransen zusammengeknüpft. Beginne mit einem Maschenanschlag von 36 Luftmaschen, häkle zusätzlich 1 Wendeluftmasche. Wende die Arbeit und häkle als 2. Reihe 36 feste Maschen. Die Häkelnadel bleibt in der letzten Schlinge. Schneide den Arbeitsfaden so ab, daß das Fadenende 10 cm lang ist. Nimm jetzt andersfarbiges Garn und hole den Faden durch die Schlinge auf der Häkelnadel. Lasse auch den Fadenanfang 10 cm hängen (für Fransen). Ziehe beide Fadenenden fest an. Häkle mit dem andersfarbigen Garn 2 Reihen feste Maschen (je Reihe 36 Maschen). Vergiß die Wendeluftmasche nicht, bevor du die 2. Reihe beginnst. Schneide den Arbeitsfaden so ab, daß das Fadenende 10 cm lang ist.
Für die nächste Reihe, die „Bogenreihe“, nimmst du starkes Garn.
Du häkelst in folgendem *Mustersatz*: 3 feste Maschen, 1 halbes Stäbchen, 2 ganze Stäbchen, 3 Doppelstäbchen, 2 ganze Stäbchen, 1 halbes Stäbchen. Wiederhole den Mustersatz: 3 feste Maschen, 1 halbes Stäbchen, 2 ganze Stäbchen, 3 Doppelstäbchen, 2 ganze Stäbchen, 1 halbes Stäbchen. Arbeite so weiter bis zum Ende der Reihe. Sie wird (wenn du richtig gearbeitet hast) mit 1 halben Stäbchen beendet.

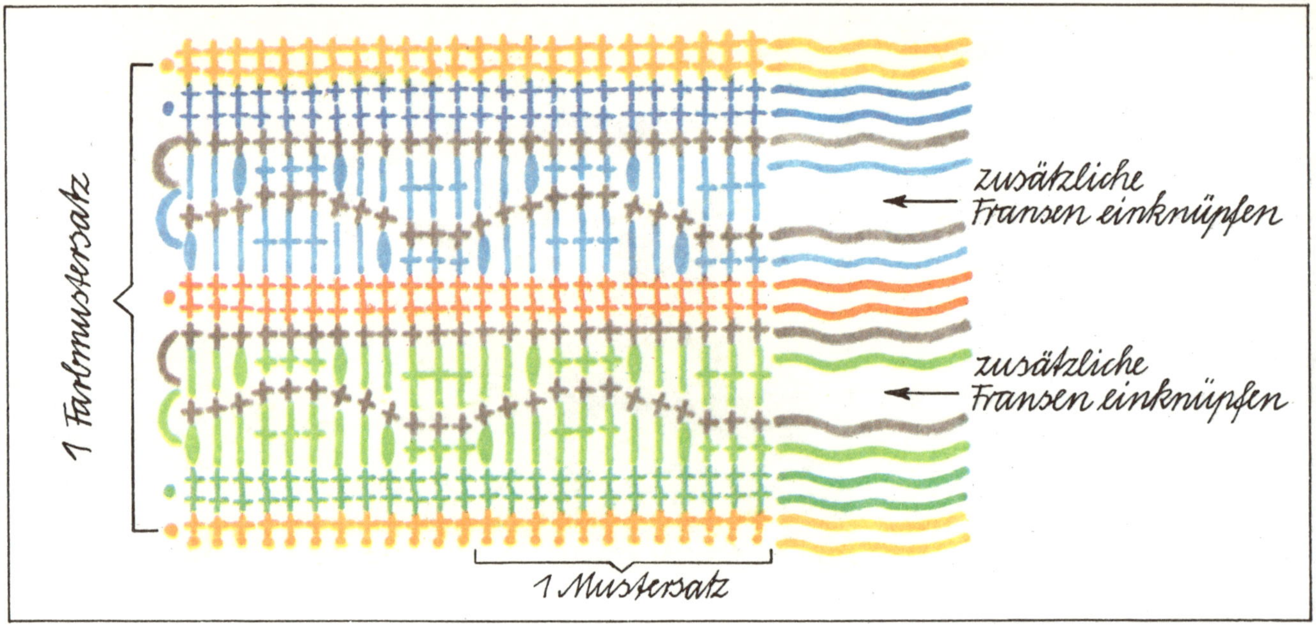

Schneide den Arbeitsfaden am Ende der Reihe nicht ab und lasse auch die letzte Schlinge stehen. (Ziehe sie groß, damit du sie wiederfindest.)
Nimm für die nächste Reihe dünnes Garn. Beginne diese Reihe an der „Fransenseite“. Lasse 10 cm Faden hängen und häkle 1 Reihe feste Maschen. 36 müssen es am Ende sein! Durch die Schlinge der letzten festen Masche holst du die stehengelassene Schlinge der Vorreihe und ziehst sie fest. Lasse den dünnen Faden hängen und arbeite die jetzt folgende Rückreihe wieder mit dem dicken Garn der 2. Farbe im beschriebenen Mustersatz, dem Bogenmuster. Beginne mit 2 ganzen Stäbchen. Dann folgen:
1 halbes Stäbchen, 3 feste Maschen, 1 halbes Stäbchen, 2 ganze Stäbchen, 3 Doppelstäbchen, 2 ganze Stäbchen, 1 halbes Stäbchen, 3 feste Maschen und so weiter bis zum Ende der Rückreihe. Sie endet mit 3 Doppelstäbchen. Arbeitsfaden abschneiden (Ende 10 cm hängen lassen).
Nun häkelst du mit dem hängengelassenen Faden des dünnen Garns die Rückreihe mit 36 festen Maschen. Dann schneidest du das dünne Garn ab (10 cm hängen lassen).
Jetzt folgen in neuer Farbe 2 Reihen feste Maschen (je 36).
Darauf folgen mit dickem Garn 1 Reihe im Bogenmuster, 1 Reihe feste Maschen (von der Fransenseite aus beginnen), die Rückreihe im Mustersatz und danach die Rückreihe mit dünnem Garn in festen Maschen. In neuer Farbe werden wieder 1 Hin- und 1 Rückreihe feste Maschen gehäkelt.
Damit ist das erste Viertel der Tasche fertig. Bevor du das nächste Viertel beginnst,

häkelst du – wieder in anderer Farbe – 1 Hin- und 1 Rückreihe feste Maschen.
Nun fängt die Farb- und Musterfolge von vorn an:
2 Reihen feste Maschen,
1 Bogenreihe, 1 Reihe feste Maschen mit dünnem Garn,
1 Bogenreihe und 1 Reihe feste Maschen, 2 Reihen feste Maschen, 1 Bogenreihe,
1 Reihe feste Maschen (dünnes Garn), 1 Bogenreihe, 1 Reihe feste Maschen (dünnes Garn),
2 Reihen feste Maschen. Bevor du die 2. Hälfte der Tasche beginnst, häkelst du in anderer Farbe noch 2 Reihen feste Maschen. Alles andere weißt du.
Achte nur bei jeder Reihe darauf, daß du immer 36 Maschen gehäkelt hast.
Mit der letzten Reihe feste Maschen wird die Tasche zusammengehäkelt. Nimm dafür die Wolle, mit der die Arbeit begonnen wurde. Zum Zusammenhäkeln legst du das gehäkelte Teil zusammen und häkelst feste Maschen: Stich jeweils in ein Maschenglied der Vorreihe und in ein Maschenglied der Luftmaschenkette, mit der du die Arbeit begonnen hast. Die untere Seite der Tasche wird durch das Zusammenknüpfen der Fadenenden geschlossen. Ziehe beim Verknoten die Fadenenden fest an. Für die Lücken an den Stellen, wo die Doppelstäbchen liegen, nimmst du noch ein paar Wollfäden und knüpfst sie zusätzlich ein. Alle Fadenenden werden dann gleichmäßig auf etwa 5 cm Länge verschnitten. Die obere Kante, die Taschenöffnung, wird mit festen Maschen umhäkelt. Damit der Rand Halt bekommt, führst du zwischen den Maschen einen dicken, festen Wollfaden mit, den du zum Schluß straff anziehst und verknotest. Die Fadenenden werden verstochen. Als Henkel drehst du eine etwa 1 m lange dicke Schnur (↑ Seite 17). Die Enden nähst du an den Seiten der Tasche von innen sehr fest an. Auch der Nähfaden muß gut verstochen werden.

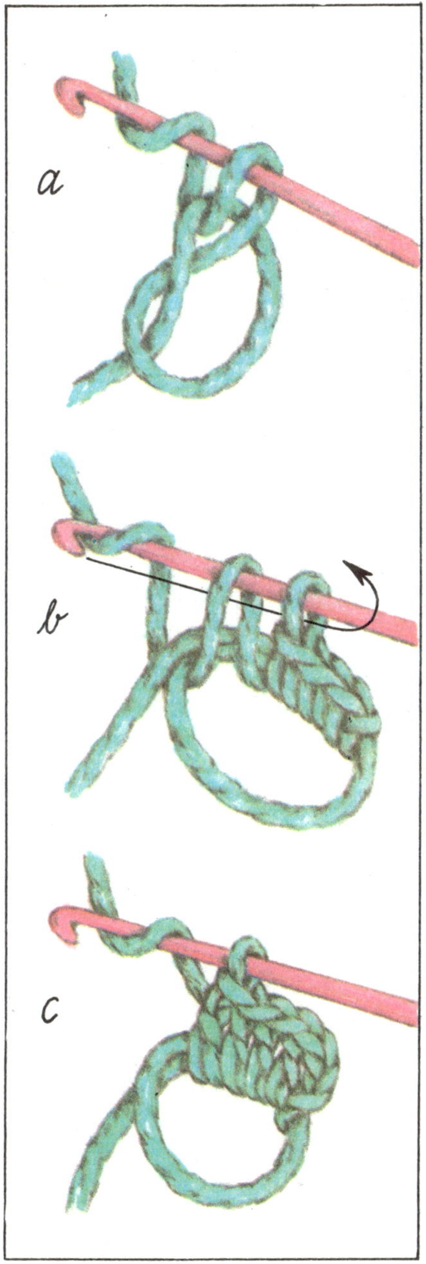

GEHÄKELTE FORMEN

Mit Luftmaschen, festen Maschen und Stäbchen kannst du Dreiecke, Quadrate, Rechtecke, Vielecke, runde und ovale Formen häkeln. Durch *Zunehmen* und *Abnehmen* von Maschen lassen sich auch unregelmäßige Schnittformen

arbeiten. Sieh dir als Beispiele die Schnitte für die Hausschuhe und das Puppenjäckchen an (↑ Schnittbogen). Zuerst probierst du regelmäßige Formen. Unsere Musterproben sind entweder in hin- und herlaufenden Reihen oder in Runden gehäkelt. Die Maschen sind stets in das volle Glied der Vorreihe bzw. der Vorrunde eingestochen worden. Selbstverständlich gibt es auch andere Möglichkeiten. *Das Dreieck* beginnst du an der Spitze mit 2 Luftmaschen. Häkle in die erste Luftmasche 1 feste Masche. Wende mit einer Wendeluftmasche und häkle in die feste Masche 3 feste Maschen. In der folgenden Reihe und in jeder weiteren Reihe häkelst du jeweils in die erste und in die letzte feste Masche der Reihe 2 feste Maschen. Vergiß die Wendeluftmaschen nicht! Durch dieses *Zunehmen* am Anfang und am Ende jeder Reihe entsteht ein gleichseitiges Dreieck (Abb. 1).
Willst du einen Rhombus häkeln, dann arbeitest du zuerst ein Dreieck, wie es eben beschrieben wurde. Dann häkelst du weiter, mußt aber am Anfang und am Ende jeder weiteren Reihe *abnehmen.*

Jeweils in die erste und in die letzte feste Masche der Vorreihe wird keine feste Masche gehäkelt (Abb. 2).
Runde Formen beginnst du mit einer Fadenschlinge wie für Luftmaschen. Diese Schlinge darfst du nicht fest anziehen (↑ Abb. a, Seite 59). Um die Schlinge herum häkelst du feste Maschen. Stich dabei nicht in den Faden ein. Die Schlinge muß beweglich bleiben, denn sie wird später zusammengezogen (↑ Abb. b, Seite 59).
Soll die runde Form aus Stäbchen gehäkelt werden, so beginnst du die 1. Runde mit 3 Luftmaschen und häkelst dann erst Stäbchen in die Fadenschlinge (↑ Abb. c, Seite 59). Die *runde Form* (Abb. 4) beginnst du mit einer Fadenschlinge, in die du 8 feste Maschen häkelst. Spiralförmig wird dann weiter gehäkelt. In jede der 8 festen Maschen werden 2 feste Maschen gehäkelt. Danach werden nur noch in jede zweite feste Masche 2 feste Maschen gehäkelt. Durch das Zunehmen entstehen 8 „Felder", die du beliebig vergrößern kannst. Du mußt nur immer an denselben Stellen zunehmen.
Das *Quadrat* (Abb. 3) wird ebenfalls in der Mitte begonnen. In eine lockere Fadenschlinge häkelst du 8 feste Maschen (↑ Abb. a und b). Dann setzt du die Arbeit spiralförmig fort und häkelst in die 1., 3., 5. und 7. Masche der Anfangsrunde 3 feste Maschen. Dadurch entstehen die vier Ecken des Quadrates. In jeder weiteren Runde häkelst du stets 3 Maschen in die mittlere der 3 Eckmaschen der Vorrunde. Auf diese Weise wird gleichmäßig zugenommen, so daß ein Quadrat entsteht, daß du beliebig vergrößern kannst.
Ein *Viereck aus Stäbchen* (Abb. 5) beginnst du mit einer losen Fadenschlinge (↑ Abb. a, Seite 59), in die du zuerst 3 Luftmaschen und dann 11 Stäbchen häkelst. Auch die 2. und jede weitere Runde beginnst du stets mit 3 Luftmaschen. Am Ende einer jeden Runde wird die jeweilige Runde mit einer Kettenmasche abgeschlossen, die nächste Runde beginnt dann, wie schon gesagt, mit 3 Luftmaschen. Ab der 2. Runde muß jeweils in den Ecken zugenommen werden: Du beginnst die 2. Runde mit 3 Luftmaschen, häkelst in das nächste Maschenglied 1 Stäbchen und in das nachfolgende Maschenglied für die erste Ecke 5 Stäbchen (in dieselbe Einstichstelle). Danach folgen 2 Stäbchen. In die nächste Einstichstelle arbeitest du wieder 5 Stäbchen zur Eckbildung, dann wieder 2 Stäbchen, 5 Stäbchen in die nächste Einstichstelle zur Bildung der dritten Ecke, danach noch einmal 2 Stäbchen und in die letzte Einstichstelle 5 Stäbchen für die vierte Ecke. Mit einer Kettenmasche schließt du die 2. Runde ab.
In der 3. und in jeder weiteren Runde häkelst du die 5 Stäbchen für die Ecke jeweils in das mittlere Stäbchen der Eckstäbchen von der Vorrunde. In alle übrigen Stäbchen wird stets nur 1 Stäbchen gearbeitet. Wenn du nachprüfen willst: Die Stäbchenanzahl jeder Seite erhöht sich in jeder Runde um 1 Stäbchen. Vergiß aber nicht, bei der ersten Seite die 3 Anfangsluftmaschen als ein Stäbchen mitzuzählen. Hast du sorgfältig gearbeitet, dann erhältst du ein Quadrat, das du beliebig vergrößern kannst, wenn du an den Ecken regelmäßig so zunimmst, wie wir beschrieben haben.

TOPFLAPPEN

Die runden und quadratischen Formen, die du in diesem Abschnitt geübt hast, kannst du als Topflappen für die Puppenküche verwenden. Wenn du die Formen aber so groß häkelst, daß ihr Durchmesser bzw. die Seitenlänge 20 cm mißt, hast du gleich praktische Topflappen für eure Küche.
Als Abschluß der Ränder umhäkelst du den Topflappen ringsum mit kleineren oder größeren Ösen (↑ Seite 55). Wenn es dir gefällt, nimm für die Kantenverzierung eine andere Farbe. Beginne an einer Ecke des Topflappens. In die Eckmasche häkelst du 1 Kettenmasche. Danach häkelst du für „Puppentopflappen“ 15, für „Erwachsenentopflappen“ 20 Luftmaschen und in die 1. Kettenmasche noch eine 2. Kettenmasche – der Henkel ist fertig. Nun häkelst du die 1. Öse: 4 Luftmaschen, in die erste Luftmasche 1 feste Masche, 1 weitere feste Masche zur Befestigung der Öse in jede 2. feste Masche der Vorrunde. In die Eckmasche der Vorrunde häkelst du 1 feste Masche, 1 Öse und die 1 feste Masche zur Befestigung häkelst du

ebenfalls in die Eckmasche. Sind alle vier Seiten umhäkelt, schließt du die Ösenrunde mit einer Kettenmasche ab. Du kannst Topflappen auch nur mit festen Maschen umhäkeln. Anfangs- und Endfaden werden gut verstochen.

☞ MERKE: *Am besten geeignet für Topflappen ist Baumwollgarn, „Schulgarn". Wolle versengt leicht und verfilzt bei zu warmem Waschen.*

HAUSSCHUHE

Ein Paar leichte „Schlupfschuhe" kannst du selbst häkeln. Sie passen beinahe in jede Tasche, wenn du sie „auf Besuch" mitnehmen willst. Sie sind auch bequem für deine Gäste. Ein weiterer Vorteil: Sie lassen sich leicht waschen.
Du brauchst dazu:
100 g sehr starkes Wollgarn (Jackenwolle),
1 Häkelnadel Nr. 3½.
Du mußt Luftmaschen, feste Maschen und Kettenmaschen häkeln können. Es ist günstig, die Hausschuhe recht fest zu häkeln, sie halten dann länger. Die Grundform für einen Hausschuh zeigen dir die Abbildung und der Schnitt auf dem beigelegten Schnittbogen. Dieser Schnitt paßt für Schuhgröße 36. Der Hausschuh besteht aus einem Stück. Am oberen Rand der Ferse wird begonnen. Häkle eine Maschenprobe: 9 Luftmaschen plus 1 Wendeluftmasche. Häkle 6 Reihen feste Maschen. Jede muß aus 9 festen Maschen bestehen. Dann kannst du vergleichen, ob deine Probe mit unseren Maschenangaben übereinstimmt. Genauso haben wir bei unserem Modell begonnen. Wenn dieser Teil, die Ferse, mit dem Schnitt übereinstimmt, kannst du nach unseren Maschenangaben weiterhäkeln. Wenn nicht, mußt du mit

weniger oder mit mehr Maschen beginnen.
Nun muß das Teil nach links und nach rechts schnittgemäß verbreitert werden. Häkle deshalb 6 Luftmaschen und 1 Wendeluftmasche. Wende und häkle in der folgenden Reihe 15 feste Maschen. Dann verlängerst du die Reihe nach der anderen Seite mit 6 festen Maschen. Das wird so gemacht: In das untere Glied der zuletzt gehäkelten festen Masche häkelst du 1 feste Masche. In deren unteres Glied wird wieder 1 feste Masche gehäkelt. Und so weiter, bis du 6 „neue" feste Maschen herausgehäkelt hast. Man nennt das *„Feste-Maschen-Anschlag"*. Wende mit 1 Luftmasche und häkle die nächste Reihe. Wenn du richtig gearbeitet hast, besteht sie aus 21 festen Maschen. Nun folgen weitere 10 Reihen mit je 21 festen Maschen.
In den nächsten 6 Reihen muß zugenommen werden, damit sich die Schräge ergibt.
Das *Zunehmen* wird so gemacht: Du häkelst in jedes 1. und letzte Maschenglied der Vorreihe 2 feste Maschen, so daß das Teil nach 6 Reihen auf 33 Maschen verbreitert wird.
Da das Hausschuhteil nach

vorn schmaler wird, mußt du in den jetzt folgenden 13 Reihen *abnehmen*. Du häkelst in der 3., 5., 7., 10. und 13. Reihe am Anfang und am Ende je 1 Masche weniger, so daß du in der 13. Reihe nur noch 23 feste Maschen hast.
Zähle nach!
Jetzt sind die beiden Spitzen rechts und links vorn am Schnitteil zu häkeln.
Nach dem Wenden häkelst du nur 4 feste Maschen, wendest wieder, häkelst 1 Kettenmasche und 3 feste Maschen. Wende wieder (mit Wendeluftmasche!) und häkle nun eine ganze Reihe feste Maschen. Nach erneutem Wenden folgen wieder 4 feste Maschen. Wenden, 1 Kettenmasche und noch 3 feste Maschen häkeln. Damit ist das erste Hausschuhteil fertig. Schneide den Arbeitsfaden ab und ziehe ihn durch die letzte Schlinge.
Das Teil für den anderen Hausschuh wird genauso gehäkelt. Beide Teile sind fertig. Nun nähst du die Ecken der Ferse mit Überwendlichstichen zusammen. Nimm zum Nähen das Anfangsfadenende. Die „Kappe" ist entstanden (↑ Angaben auf dem Schnitt).

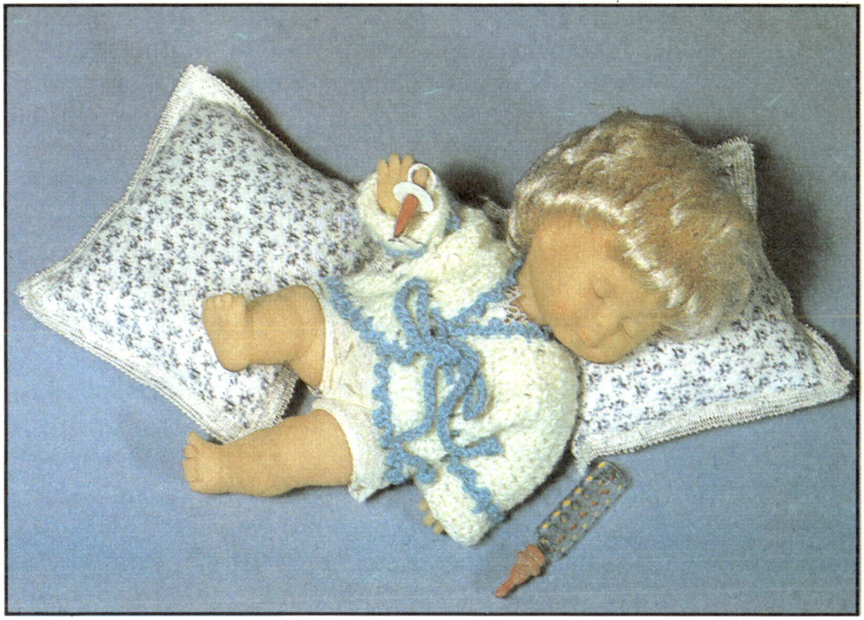

Mit einem andersfarbigen Wollrest umhäkelst du beide Hausschuhteile ringsum mit festen Maschen. Beginne rechts an der vorderen Spitze, häkle um die Kappe herum bis vor zur anderen Spitze. Mit dem gleichen Garn nähst du nun noch die beiden umhäkelten schrägen Kanten zusammen. Wenn du alles richtig zusammengefügt hast, kannst du jetzt die Form des Schuhs erkennen. Mit einem Faden der Grundfarbe und kleinen, festen Stichen nähst du die vordere Quernaht. Der erste Schuh ist fertig. Vollende auch den zweiten Schuh, und wenn es dir Spaß gemacht hat, beginnst du gleich das nächste Paar.
Daß du die Schuhe auch im zweifarbigen Streifenmuster häkeln kannst, hast du gewiß schon überlegt. Als Schmuck könntest du gehäkelte Blüten oder etwas anderes Lustiges aufnähen oder aufsticken. Nur waschecht möchte es sein.

PUPPENJÄCKCHEN

Wie du nach einem Schnitt arbeitest, hast du im Hausschuhkapitel ausprobiert. Auch nur ein Schnitteil brauchst du für dieses Jäckchen. Es ist ein Kimonojäckchen, das heißt, die Ärmel sind dem Vorder- und Rückenteil angeschnitten. Das ganze Jäckchen besteht aus einem Stück. (↑ Schnitt auf beigelegtem Schnittbogen). Das Jäckchen paßt einer Puppe, deren Rückenlänge bis zur Taille 7 cm mißt und die eine Oberweite von 17 cm hat.
Du brauchst dazu:
etwa 30 g mittelstarkes Wollgarn,
einen kleinen Rest mittelstarkes Wollgarn in anderer Farbe,
1 Häkelnadel Nr. 3.
Du mußt Luftmaschen, Kettenmaschen und Stäbchen häkeln können.
Beginne am unteren Rand des Rückens mit 24 Luftmaschen plus 3 Wendeluftmaschen.
Arbeite 5 hin- und hergehende Reihen aus 24 Stäbchen. An unserem Modell mißt dieses Teilstück 5 cm × 12 cm. Vergleiche deine Arbeit mit diesen Maßen. Wenn die Maße nicht übereinstimmen, mußt du mit entsprechend mehr oder weniger Luftmaschen beginnen und eine Reihe mehr oder weniger häkeln.
Nach diesen 5 Reihen muß das Teil nach links und rechts für die Ärmel verbreitert werden.

Du häkelst an beiden Seiten je 12 Luftmaschen an, so daß du in der nächsten Reihe insgesamt 48 Stäbchen häkeln kannst. Wendeluftmaschen mußt du zusätzlich häkeln. Bis zum hinteren Halsausschnitt häkelst du wieder 5 Reihen mit je 48 Stäbchen. Jetzt bist du an der Linie „Schulterbruch" angelangt. Vergleiche wieder mit dem Schnitt. Nun wird die Arbeit geteilt. Du häkelst erst das eine restliche Ärmelstück mit einem Vorderteil und danach das andere. Für das Halsloch bleiben in der Mitte 6 Maschen frei. Du häkelst in der nächsten Reihe also nur 21 Stäbchen. Zähle nach. Wende und häkle noch eine Reihe aus 21 Stäbchen.
In der folgenden Reihe häkelst du in das letzte Maschenglied 2 Stäbchen, so daß diese Reihe aus 22 Stäbchen besteht. Jetzt ist der Ärmel breit genug; nur das Vorderteil ist noch fertig zu häkeln. Nach dem Wenden häkelst du 12 Kettenmaschen, dann 2 Luftmaschen und 11 Stäbchen. In das letzte Maschenglied der Vorreihe mußt du 2 Stäbchen häkeln. Auch die nächste Reihe besteht aus 11 Stäbchen.
In der darauffolgenden Reihe stichst du in das letzte Maschenglied wieder 2 Stäbchen. Diese Reihe hat also 12 Stäbchen. Häkle noch 2 weitere Reihen mit 12 Stäbchen, dann ist das erste Vorderteil fertig. Das zweite Teil beginnst du in der Mitte. Vergiß nicht, 6 Maschen für das Halsloch frei zu lassen! Häkle 2 Reihen mit je 21 Stäbchen. In das erste Maschenglied häkelst du in der folgenden Reihe 2 Stäbchen, so daß diese Reihe aus 22 Stäbchen besteht. Auch die nächste Reihe hat 22 Stäbchen. Damit ist der andere Ärmel fertig. Für das zweite Vorderteil häkelst du 2 Reihen mit 11 Stäbchen. In der 3. Reihe häkelst du ins 1. Maschenglied 2 Maschen, so daß diese aus 12 Stäbchen besteht. Häkle noch 2 Reihen mit je 12 Stäbchen. Nun ist das Jäckchen fertiggehäkelt. Vergleiche noch einmal mit dem Schnitt, ob alles stimmt. Lege das gehäkelte Teil im Schulterbruch zusammen. Die rechte Seite sollte innen liegen. Nähe die beiden Seitennähte und die unteren Ärmelnähte mit kleinen Überwendlichstichen zusammen. Wende das Jäckchen nach rechts. Umhäkle zum Schluß alle Kanten mit „Mäusezähnchen" (↑ Seite 55) in anderer Farbe. Als Verschluß häkelst du eine Luftmaschenkette oder drehst eine Schnur (↑ Seite 17). Fädle sie durch die Stäbchen der 3. Reihe. Die Schnur sollte vor dem 4. Stäbchen nach vorn herauskommen, damit die Jäckchenränder etwas übereinanderschlagen und die Schnur gut gebunden werden kann.
Ein solches Kimonojäckchen kannst du leicht vergrößern, so daß es auch einer größeren Puppe oder sogar einem Baby paßt.
Zeichne zuerst den vergrößerten Schnitt. Häkle eine Probe und berechne danach, mit wieviel Maschen du beginnen mußt. Wenn du unsicher bist, nimm dir beim Schnittzeichnen ein passendes Jäckchen zu Hilfe.

BALLNETZ

Du brauchst dazu:
1 Knäuel Schulgarn,
1 Häkelnadel Nr. 3.
Du mußt Luftmaschen und feste Maschen häkeln können.
Beginne mit einer lockeren Fadenschlinge (↑ Seite 59). Häkle 9 feste Maschen in die Schlinge. Ziehe die Fadenschlinge fest zusammen.
2. Runde: Häkle in jede feste

Masche der Vorrunde 2 feste Maschen. Schließe die Runde mit einer Kettenmasche ab. Du mußt jetzt 18 feste Maschen gehäkelt haben; zähle nach!
3. Runde: Du häkelst im Wechsel 5 Luftmaschen und 1 feste Masche. Die feste Masche stichst du jeweils in die 2. feste Masche der Vorrunde. Du hast also 9 Luftmaschenbogen gehäkelt.
In den folgenden Runden werden die festen Maschen in den Luftmaschenbogen der Vorrunde gehäkelt.
Die Luftmaschenbogen müssen in jeder Runde vergrößert werden:
4. Runde: im Wechsel 7 Luftmaschen, 1 feste Masche (10 Bogen),
5. Runde: im Wechsel 9 Luftmaschen, 1 feste Masche (9 Bogen),
6. Runde: im Wechsel 11 Luftmaschen, 1 feste Masche (wieder 9 Bogen),
7. Runde: im Wechsel 13 Luftmaschen, 1 feste Masche (9 Bogen usw.),
8. und jede weitere Runde: 15 Luftmaschen, 1 feste Masche. So arbeitest du weiter, bis das Netz die gewünschte Länge hat. Im Anschluß an den allerletzten Luftmaschenbogen

häkelst du eine 35 cm lange Luftmaschenkette. Schneide den Arbeitsfaden etwa 30 cm lang ab, und ziehe ihn durch die letzte Luftmaschenschlinge. Die Luftmaschenkette fädelst du durch die Bogen der letzten Runde und stichst den Arbeitsfaden sehr fest am Ausgangspunkt der Luftmaschenkette an.

STIRNBAND UND MÜFFCHEN IM RINGELMUSTER FÜR PUPPENELTERN

Du brauchst dazu:
20 g weißes starkes Wollgarn, je 10 g türkisfarbenes, hellrotes und dunkelrotes Wollgarn, 1 Häkelnadel Nr. 3½.

Das *vierfarbige Ringelmuster* wird in hin- und zurückgehenden Runden gearbeitet. Beginne das *Stirnband* mit einer Luftmaschenkette (türkis) von 95 Luftmaschen (= 56 cm). Schließe die Kette mit 1 Kettenmasche (Probiere die Weite!).
1. Runde – türkis – (hingehend): 2 Luftmaschen, dann in jede Luftmasche des Anschlags 1 halbes Stäbchen arbeiten, die Runde mit 1 Kettenmasche schließen.
2. Runde – weiß – (zurückgehend): 1 Luftmasche, dann feste Maschen in jedes halbe Stäbchen der Vorreihe häkeln, mit 1 Kettenmasche schließen.
3. Runde – hellrot – (hingehend): 2 Luftmaschen, halbe Stäbchen, mit 1 Kettenmasche schließen. *4. Runde* – weiß – (zurückgehend): 1 Luftmasche, dann feste Maschen, wieder mit 1 Kettenmasche schließen.
5. Runde – dunkelrot – (hingehend: 2 Luftmaschen, halbe Stäbchen, 1 Kettenmasche.
6. Runde: weiß, feste Maschen.
7. Runde: türkis, halbe Stäbchen.
Diese 7 Runden ergaben bei uns 4 cm Breite.
Die *Müffchen* beginnst du mit je 29 Luftmaschen (= 17 cm) und arbeitest sie im beschriebenen Ringelmuster in der Farbfolge türkis, weiß, hellrot, weiß, dunkelrot, weiß usw. Wir häkelten 17 Runden (=10 cm).

STIRNBAND UND MÜFFCHEN FÜR DIE PUPPE

Nimm dafür Reste von feinem Wollgarn und 1 Häkelnadel Nr. 2½. Wir haben das Stirnband mit 77 Luftmaschen (= 35 cm), die Müffchen mit je 21 Luftmaschen (= 9 cm) begonnen. Du mußt dich natürlich nach deiner Puppe richten. Das Stirnband sollte etwa 3 cm, die Müffchen sollten etwa 5,5 cm breit sein.

STIRNBAND UND MÜFFCHEN MIT FARBFLÄCHEN FÜR KINDER

Du brauchst dazu:
etwa 40 g weißes starkes Wollgarn,
je 14 g hellrotes und türkisfarbenes starkes Wollgarn,
1 Häkelnadel Nr. 2½.
Unser *Stirnband* ist für einen Kopfumfang von 56 cm berechnet. Beginne das *Streifenmuster* weiß mit 10 Luftmaschen und 2 Wendeluftmaschen. Häkle in jede Luftmasche des Anschlags 1 halbes Stäbchen. Mit 2 Luftmaschen wenden. Zweite und alle folgenden Reihen: halbe Stäbchen häkeln, dabei am Anfang der Reihe um das zweite, dann um jedes weitere halbe Stäbchen der Vorreihe (also nicht wie bisher in die Maschenglieder der Vorreihe einstechen). Das letzte halbe Stäbchen der Reihe jeweils um die Wendeluftmaschen häkeln. Häkle abwechselnd 12 Reihen (= 7 cm) weiß, 12 Reihen türkisfarben, 12 Reihen weiß und 12 Reihen rot. Das Stirnband sollte etwa 56 cm lang sein. Probiere!
Die *Müffchen* beginnst du weiß, mit jeweils 18 Luftmaschen (=8 cm). Arbeite im Streifenmuster wie beim Stirnband. Bei einem Müffchen häkelst du nach 16 Reihen weiß noch 16 Reihen türkisfarben; beim zweiten folgen auf 16 Reihen weiß 16 Reihen hellrot.

Die Schmalseiten von Stirnband und Müffchen werden mit möglichst wenig sichtbaren Stichen aneinandergenäht.

STIRNBAND UND MÜFFCHEN MIT FARBFLÄCHEN FÜR PUPPEN

Du brauchst dazu:
Reste von feinem Wollgarn: rot, weiß, türkis,
1 Häkelnadel Nr. 2½.
Beginne das *Stirnband* mit 10 Luftmaschen (weiß). Häkle im Streifenmuster (im vorigen Abschnitt beschrieben) abwechselnd: 8 Reihen weiß, 8 Reihen türkis, 8 Reihen weiß, 8 Reihen rot. Bei unserem Puppenstirnband haben wir 64 Reihen gehäkelt (= 32 cm). Die *Müffchen* beginnst du weiß mit 14 Maschen, häkelst 10 Reihen im Streifenmuster, dann 10 Reihen türkis. Beim zweiten Müffchen folgen auf die 10 weißen Reihen 10 rote. Die Schmalseiten von Stirnband und Müffchen mit feinen Stichen aneinandernähen.

WESTE IM RINGELMUSTER

Unsere Weste paßt Kindern mit 152 cm Körperhöhe (152 KpH).
Du brauchst dazu:
90 g dunkelrotes starkes Wollgarn, je 50 g starkes Wollgarn: hellrot, weiß und hellblau,
1 Häkelnadel Nr. 4½.

Wir beschreiben zuerst das *Grundmuster* der Weste.
Übe es erst in einer Farbe, bevor du mit der bunten Weste beginnst.
Am Übungsstück kannst du gleich nachmessen, ob deine Maschenanzahl übereinstimmen wird mit der, die wir angegeben haben.
Beginne die *Musterprobe* mit 14 Luftmaschen und 1 Wendeluftmasche.
1. Reihe: in jede Luftmasche des Anschlags 1 feste Masche häkeln (14 müssen es sein). Mit 1 Luftmasche wenden.
2. Reihe: in das erste volle Maschenglied 1 feste Masche häkeln. Dann abwechselnd in den letzten Einstichpunkt zurückstechen und 1 Schlinge holen, in das folgende Maschenglied einstechen und noch eine Schlinge holen. Nun wieder den Faden holen und die 3 auf der Nadel befindlichen Schlingen zusammen abmaschen. Am Ende der Reihe in das letzte Maschenglied 1 feste Masche häkeln. Mit 1 Luftmasche wenden.
3. Reihe: feste Maschen, mit 1 Luftmasche wenden (es müssen wieder 14 feste Maschen in der Reihe sein).
4. Reihe: in das erste volle

Maschenglied 1 feste Masche häkeln. In das zweite Maschenglied einstechen und 1 Schlinge holen, in das nächste Maschenglied einstechen und auch 1 Schlinge holen. Dann den Faden holen und alle 3 Schlingen auf der Nadel zusammen abmaschen. Danach abwechselnd in die letzte Einstichstelle zurückstechen, 1 Schlinge holen, in das nächste Maschenglied einstechen, wieder 1 Schlinge holen, Faden holen und alle 3 Schlingen zusammen abmaschen. In das letzte Maschenglied der Reihe 1 feste Masche häkeln.

Nun werden die 2. bis 4. Reihe fortlaufend wiederholt. Die vierfarbigen Ringel werden im Grundmuster gehäkelt: abwechselnd 2 Reihen dunkelrot, 2 Reihen hellrot, 2 Reihen weiß und 2 Reihen hellblau arbeiten.

Die Weste hat 2 Vorderteile und 1 Rückenteil. Sieh dir den *Schnitt* an und vergleiche die angegebenen Maße mit deinen Körpermaßen. Beachte aber, daß der Schnitt auf dem Bogen verkleinert wurde!

Vorderteile: Maschenanschlag = 29 Luftmaschen und 1 Wendeluftmasche (= 20 cm). Mit Dunkelrot beginnen, dann im vierfarbigen Ringelmuster 32 Reihen (= 20 cm) häkeln. Für die *Armausschnitte* außen am Vorderteil je 7 Maschenglieder frei lassen und das Muster nur noch über 21 Maschen (= 15 cm) weiterarbeiten. Nach weiteren 22 Reihen (= 14 cm) für den Halsausschnitt 9 Maschen (= 6 cm) frei lassen. Nun noch 10 Reihen über 12 Maschen (= 9 cm) häkeln. Beim 2. Vorderteil darauf achten, daß Arm- und Halsausschnitt auf die richtige Seite kommen!

Rückenteil: Dunkelrot mit 62 Luftmaschen und 1 Wendeluftmasche beginnen. Im vierfarbigen Ringelmuster 32 Reihen arbeiten. Für die Armausschnitte links und rechts je 7 Maschen frei lassen und 28 Reihen über 47 Maschen (= 33 cm) arbeiten. Nun müssen die beiden Schultern gehäkelt werden, und zwar 6 Reihen über 12 Maschen. In der Mitte bleiben für den Halsausschnitt 23 Maschen frei. Sieh dir den Schnitt an und achte darauf, daß du das zweite Schulterteil am Halsausschnitt beginnst. Vorderteile und Rükkenteil rechts auf rechts aufeinanderlegen und die Schulternähte zusammennähen.

Die Weste wird ringsum und auch an den Ärmelausschnitträndern mit einer dunkelroten *Blende* im Grundmuster versehen. Sticke an den vorderen Längsrändern je 48, an den seitlichen Rändern des Halsausschnitts je 15 und an beiden Ärmelausschnitträndern je 59 Kettenstiche auf. Häkle 1 Runde feste Maschen, indem du in die Kettenstiche oder am unteren Westenrand und am vorderen bzw. hinteren Ausschnittrand in die vollen Maschenglieder einstichst. Beginne an der rechten Vorderkante unten. An den Ecken unten und oben 3 feste Maschen in eine Einstichstelle häkeln. Für die „Innenecken" am Halsausschnitt und an den Ärmelausschnitten 3 feste Maschen zusammen abmaschen.

Zum Schluß die beiden Seitennähte schließen.

SCHAL UND MÜTZE FÜR KINDER

Du brauchst für den *Schal*:
starkes Wollgarn, etwa 40 g hellrot, je 30 g hellblau und weiß,
für die *Mütze*:
je 20 g hellrot, hellblau und weiß,
1 Häkelnadel Nr. 4½.

Der *Schal* wird in halben Stäbchen gearbeitet; dabei nur in das vordere Maschenglied einstechen. Mit einer Luftmaschenkette von 27 Luftmaschen plus 2 Wendeluftmaschen beginnen. 1. Reihe weiß: in jede Luftmasche des Anschlags 1 halbes Stäbchen häkeln; mit 2 Luftmaschen wenden. 2. und 3. Reihe hellblau. Den weißen Arbeitsfaden am Rande mit nach oben führen. 4. Reihe weiß. 5. und 6. Reihe hellrot. Auch den hellblauen Arbeitsfaden am Rande weiterführen. Nun weiter im Wechsel:
1 Reihe weiß, 2 Reihen blau,
1 Reihe weiß, 2 Reihen rot.
Unser Schal ist 1,20 m lang (= 112 Reihen). Den Schmalseiten des Schals aus fünffachem hellrotem Wollgarn *Fransen* einknüpfen (↑ Seite 22 und 29).

Mütze: Sie wird in Runden gehäkelt, der Farbwechsel ist genauso wie beim Schal. Beginne aber mit Hellrot.
4 Luftmaschen mit 1 Kettenmasche zur Runde schließen. Um den Luftmaschenring 12 halbe Stäbchen häkeln. In der folgenden Runde (hellrot) in jedes Maschenglied der Vorrunde 2 halbe Stäbchen häkeln. Dann wird im dreifarbigen Ringelmuster weitergearbeitet: 1 Runde weiß, 2 Runden hellblau,
1 Runde weiß, 2 Runden hellrot. Die halben Stäbchen stets nur in das vordere Maschenglied häkeln. In der 1. Runde (weiß) an 12 gleichmäßig verteilten Stellen 2 halbe Stäbchen in ein volles Maschenglied arbeiten. In den folgenden 8 Runden jeweils an 6 gleichmäßig verteilten Stellen 2 halbe Stäbchen in ein volles Maschenglied häkeln. Diese Zunehmestellen versetzen. Danach folgen noch 10 Runden ohne Zunehmen. Unsere Mütze ist 16 cm hoch (= 21 Runden). Du kannst die Mütze beliebig hoch häkeln. Aus weißem, hellrotem und hellblauem Wollgarn Pompons (↑ Seite 11) anfertigen und aus dreifachem Wollgarn in den gleichen Farben Schnuren (↑ Seite 17) drehen (weiß 22 cm, hellrot 27 cm, hellblau 21 cm lang). Die Schnuren in der Mützenmitte festnähen und an den Enden die Pompons befestigen.

SCHAL UND MÜTZE FÜR PUPPEN

Du brauchst dazu:
feines Wollgarn, etwa 20 g weiß, je 10 g türkisfarben und dunkelrot,
1 Häkelnadel Nr. 2½.

Schal: Weiß beginnen mit 18 Luftmaschen und 2 Wendeluftmaschen. Dann halbe Stäbchen häkeln; stets nur ins vordere Maschenglied einstechen. Im Wechsel 1 Reihe weiß,
1 Reihe rot, 1 Reihe weiß,
1 Reihe türkis.
Unser Puppenschal ist 82 cm lang (= 91 Reihen).
Den Schmalseiten aus fünffachem türkisfarbenem Wollgarn Fransen (↑ Seite 22 und 29) einknüpfen.

Mütze: 4 Luftmaschen (türkis) mit 1 Kettenmasche zum Ring schließen. 12 halbe Stäbchen darum häkeln. Im dreifarbigen Muster weiterarbeiten. Im Wechsel: 1 Runde weiß,
1 Runde hellrot, 1 Runde weiß,
1 Runde türkis. Zunehmen, wie bei der Kindermütze beschrieben.

Unsere Puppenmütze ist 11 cm hoch (= 18 Runden). Du kannst sie auch höher häkeln, wenn dir das besser gefällt. Auch an die Puppenmütze nähst du Schnuren mit Pompons.

PUPPENKLEID

Du brauchst dazu:
35 g dünnes Wollgarn,
einen Rest in anderer Farbe,
1 Häkelnadel Nr. 2½.
Das *Miederteil* ist mit festen Maschen gehäkelt, die *Ärmel* und das *Röckchen* nach dem Mustersatz Abbildung a und b, die kleine *Blüte* nach dem Mustersatz Abbildung c, Seite 75. Du mußt also Luftmaschen, feste Maschen und Stäbchen häkeln können und auch schon Übung im Musterlesen haben (↑ Seite 53 und 83).
Das Puppenkleid wird nach einem *Schnitt* gearbeitet. *Angaben zur Maschenanzahl*, wie sie meist in Häkelanleitungen gegeben werden, haben immer nur für eine bestimmte Größe Gültigkeit. Außerdem muß man bedenken, was für Wolle verarbeitet wird, wie stark die Nadel ist und wie fest oder locker man häkelt. Deshalb ist das *Arbeiten nach einem Schnitt*

immer sicherer, wenn man die Maße des Schnitts mit den benötigten Maßen (Länge, Umfang usw.) sorgfältig verglichen hat.
Ehe du mit dem Häkeln beginnst, solltest du eine *Musterprobe* häkeln. Dabei übst du gleich das Muster und kannst prüfen, ob es dir gefällt. Vor allem aber läßt sich nach der Musterprobe genau ausmessen und errechnen, mit wieviel Maschen die Arbeit beginnen muß.
Für die Musterprobe häkelst du 15 Luftmaschen und dann hin- und herlaufend etwa 14 Reihen feste Maschen bzw. 14 Reihen des Musters.
Wenn die Musterprobe zum Beispiel 5 cm breit wird und der Schnitt ein Anfangsmaß von 15 cm hat, mußt du die Arbeit mit 45 Maschen beginnen. Ebenso kannst du die Höhe der Arbeit, den Beginn und die Länge eines Armausschnitts, die Breite des Vorder- oder Rückenteils errechnen.
Zur *Kontrolle* legst du während des Häkelns deine Arbeit ab und zu auf den Schnitt und prüfst, ob die Maße übereinstimmen.
Für das *Mieder des Puppenkleids* ist der Schnitt in Originalgröße auf dem Schnittbogen abgebildet. Prüfe, ob die Maße dieses Schnitts mit den Maßen deiner Puppe übereinstimmen. Wenn nicht, mußt du den Schnitt vergrößern oder verkleinern.
Das *Miederteil* wird am unteren Rand begonnen. Unser Maschenanschlag beträgt 44 Luftmaschen und 1 Wendeluftmasche. Häkle eine *Maschenprobe* und errechne, mit wieviel Maschen du mit deinem Garn für deine Puppe beginnen mußt. Ist dir das Berechnen noch zu schwer, dann wähle unter deinen Puppenkindern dasjenige aus, das etwa die Größe unseres Puppenmannequins hat (Rückenlänge: 7 cm, Taillenumfang: 17 cm, Rocklänge: 10 cm). Das Mieder wird in einem Stück in hin- und herlaufenden Reihen aus festen Maschen gehäkelt, und zwar bis zum Armausschnitt. Es müssen in jeder Reihe 44 feste Maschen sein. Bist du am Armausschnitt angelangt – bei unserem Kleid sind es 8 Reihen feste Maschen – müssen das Vorderteil und die beiden Hälften des Rückenteils für sich fertiggehäkelt werden. Das Rückenteil ist deshalb geteilt, weil das Kleid im Rücken geschlossen wird. Sieh dir den Schnitt noch einmal an.
Das erste halbe Rückenteil wird vom Ende der Arbeit aus über 9 festen Maschen der Vorreihe gehäkelt. 4 Maschen bleiben dann als Armausschnitt frei.
Das Vorderteil häkelst du über 18 feste Maschen der Vorreihe, dann bleiben wieder 4 Maschen für den zweiten Armausschnitt frei. Die zweite Rückenteilhälfte häkelst du über die restlichen 9 Maschen.
Du hast mit dem ersten halben Rückenteil begonnen. Häkle es bis zum Halsausschnitt (bei uns sind es 12 Reihen). Dann läßt du 5 Maschen für den Halsausschnitt frei und häkelst über nur 4 Maschen noch 3 Reihen für die Schulter. Die Schräge oben an der Schulter bekommst du, wenn du in der letzten Reihe von der Armlochseite aus 2 Kettenmaschen anstelle der festen Maschen häkelst.
Genauso häkelst du die zweite Hälfte des Rückenteils fertig. Paß aber auf, daß der Halsausschnitt an die richtige Stelle kommt.
Danach häkelst du das Vorderteil. Wenn du am Halsausschnitt angelangt bist, häkelst du erst eine Schulter und dann die andere über jeweils 4 feste

Maschen. Vergiß in der letzten Reihe bei beiden Schultern nicht, 2 Kettenmaschen von der Armlochseite her zu häkeln. Das Miederteil ist fertig. Verstich alle Fadenenden gut auf der linken Seite und nähe die kleinen Schulternähte mit winzigen Stichen auf der linken Seite zusammen. Wende das Mieder wieder nach rechts.
Das *Röckchen* wird an den unteren Rand des Miederteils angehäkelt (↑ Abb. a).
1. Reihe: Häkle in jedes Maschenglied des unteren Miederrandes 1 Stäbchen, 1 Luftmasche, 1 Stäbchen. Anstelle des ersten Stäbchens mußt du 3 Luftmaschen häkeln. In der ersten Reihe erscheint dir das Muster sicher sehr dicht; das muß aber so sein, damit der Rock schön weit fällt.
Wende mit 3 Wendeluftmaschen (↑ Musterprobe Seite 73).
2. Reihe: 1 Stäbchen, 1 Luftmasche, 1 Stäbchen (die Wendeluftmaschen gelten als erstes Stäbchen).
Die beiden Stäbchen werden stets um die Luftmasche der Vorreihe gehäkelt. Diese beiden ersten Reihen verlängern den Rückenschlitz, damit du später das Kleid gut an- und ausziehen kannst.
Häkle nun in *Runden* weiter. Beginne jede Runde mit 3 Luftmaschen, die anstelle des ersten Stäbchens stehen. Schließe jede Runde mit einer Kettenmasche. Denke daran: Die beiden Stäbchen werden immer um die Luftmasche der Vorrunde gehäkelt.
Ist das Röckchen fast lang genug (wir haben 11 Runden gehäkelt), kannst du für die vorletzte Runde das Wollgarn in der anderen Farbe nehmen. Die *letzte Runde* häkelst du wieder in der Grundfarbe, und zwar nach der Musterzeichnung b: im Wechsel 2 Stäbchen (in die Luftmasche der Vorrunde) und 1 feste Masche.
Die *Flügelärmel* häkelst du in Runden im Muster des Röckchens rings um den Armausschnitt. Beginne unten am Armausschnitt. Du mußt das Muster (1 Stäbchen, 1 Luftmasche, 1 Stäbchen) etwa 15mal häkeln, damit der Ärmel schön weit wird. Nach 4 Runden häkelst du 1 Runde in abstechender Farbe. Die letzte Runde häkelst du wieder in der Grundfarbe wie beim Rock: im Wechsel 2 Stäbchen, 1 feste Masche. Verstich dann alle Fäden auf der linken Seite.
Verschluß: Häkle an eine Längskante des Rückenschlitzes Luftmaschenösen zum Knöpfen. Beginne unten am Mieder mit 1 Kettenmasche, um den

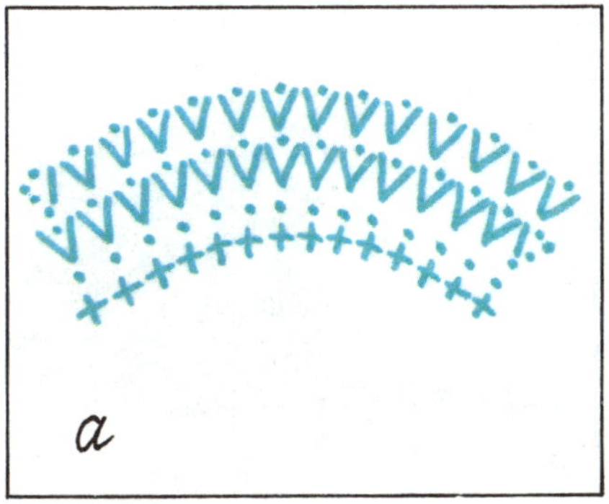
a

b

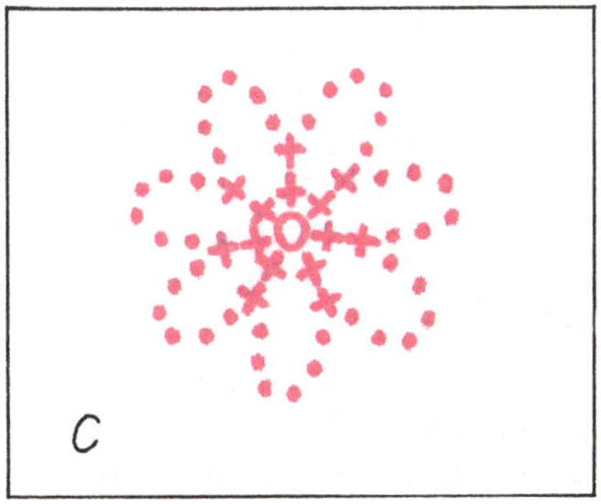
c

Arbeitsfaden zu befestigen. Dann häkelst du für die erste Öse 3 Luftmaschen. Überspringe 2 Maschenglieder und häkle in die Kante des Rückenteils fortlaufend 6 feste Maschen. Dann folgen 3 Luftmaschen für die zweite Öse, wieder 6 feste Maschen und noch einmal 3 Luftmaschen für die dritte Öse oben am Halsausschnitt. Achte darauf, daß die beiden Abstände zwischen den 3 Ösen gleichlang werden. Wenn nicht, mußt du 1 feste Masche mehr oder weniger häkeln. Häkle nun mit festen Maschen weiter, rings um den Halsausschnitt und an der anderen Kante des Rückenschlitzes entlang bis zur Unterkante des Mieders. Verstich die Fadenenden. An diese Kante nähst du 3 kleine Knöpfe an, genau gegenüber den Luftmaschenösen. Die *Blüte* am Vorderteil des Kleids ist aus dem hellen Garn gehäkelt (↑ Abb. c). In eine Fadenschlinge (wie für den Anfang einer Luftmaschenkette – ↑ Seite 59) häkelst du 7 feste Maschen. Dann ziehst du die Schlinge fest zusammen. Häkle als „Blütenblätter" in diese Runde 7mal im Wechsel 6 Luftmaschen, 1 feste Masche. Verstich den Endfaden. Mit dem Anfang des Arbeitsfadens nähst du die Blüte am Mieder des Puppenkleidchens fest und verstichst dann den Faden. Das Puppenkleid ist fertig.

PUPPENSCHAL UND PUPPENMÜTZE

Für den *Puppenschal* brauchst du:
einen Rest mittelstarkes Wollgarn,
1 Häkelnadel Nr. 2½.
Beginne mit 10 Luftmaschen, wende mit 1 Wendeluftmasche und häkle 10 feste Maschen. So arbeitest du in hin- und herlaufenden Reihen, die stets aus 10 festen Maschen bestehen müssen. Laß also kein Maschenglied aus. Zähle öfter nach. Vergiß die Wendeluftmasche nicht.
Nach etwa 130 Reihen ist der Schal so lang, daß du ihn um den Hals deiner Puppe schlingen kannst. Probiere, bevor du den Arbeitsfaden abschneidest. Verstich dann die Fadenenden. In die beiden Schmalseiten des Schals kannst du Fransen einknüpfen: Schneide Fäden von etwa 6 cm Länge. Nimm jeweils 2 Fäden und lege sie in den Bruch. Dann knüpfst du sie mit der Häkelnadel so ein, wie es die Abbildung auf Seite 29 zeigt. Verschneide die Fransenenden gleichmäßig.
Möchtest du für deinen Bruder einen „Fußballschal" in den Klubfarben häkeln, brauchst du reichlich 200 g mittelstarkes Wollgarn, reichlich 100 g von jeder Farbe. Beginne mit 60 Luftmaschen und 1 Wendeluftmasche. Nach dem Wenden häkelst du 30 feste Maschen in der ersten Farbe und läßt das Wollknäuel hängen. Häkle mit dem anderen Wollgarn die restlichen 30 festen Maschen der Reihe, wende mit 1 Wendeluftmasche und häkle 30 feste Maschen der 2. Reihe. Dann wechselst du die Farbe und häkelst mit dem ersten Wollknäuel die Reihe zu Ende und die nächste Reihe bis zur Mitte. Hier wieder Farbwechsel. Beim *Farbwechsel* läßt du das

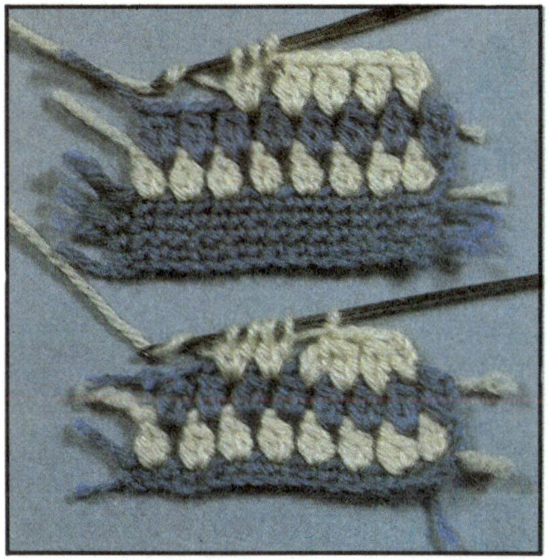

Knäuel der ersten Farbe hängen und ziehst durch die Schlinge der letzten Masche den Faden der zweiten Farbe und ziehst die Schlinge fest.
So arbeitest du weiter, bis der Schal die gewünschte Länge hat. An beiden Enden knüpfst du lange Fransen ein.
Die *Mütze* ist in Runden aus festen Maschen und in einem *zweifarbigen Muster* gehäkelt.
Du brauchst dazu:
etwa 15 g blaues und 10 g weißes mittelstarkes Wollgarn, 1 Häkelnadel 2½ oder 3.
Beginne mit einer Luftmaschenkette von 60 Maschen aus blauer Wolle. Schließe die Kette mit einer Kettenmasche zum Ring. Probiere, ob der Kopf deiner Puppe hindurch paßt.
Häkle 4 Runden feste Maschen. Beginne jede Runde mit 1 Luftmasche und schließe sie mit 1 Kettenmasche. Diese Runden aus festen Maschen bilden den festen Mützenrand.
Probiere noch einmal, ob der Rand gut sitzt, bevor du die Mütze weiterhäkelst.
Das Kopfteil ist im zweifarbigen Muster gehäkelt. Wenn der Rand fertig ist, läßt du das blaue Knäuel hängen und ziehst durch die Schlinge der letzten blauen Masche den Faden des weißen Knäuels zur Schlinge. Ziehe den blauen Faden straff.
Das *Muster* besteht aus 2 zusammen abgemaschten Stäbchen, die in dieselbe Einstichstelle gearbeitet werden. Danach ist immer 1 Luftmasche zu häkeln. Eine Einstichstelle bleibt dazwischen frei.
Schau dir den Mustersatz auf Seite 52, Abbildung 3, an und lies die Erklärung (Seite 54), wie 2 Stäbchen zusammen abgemascht werden.
Jede *Runde* beginnt mit 2 Luftmaschen und 1 Stäbchen, das in die erste Einstichstelle gearbeitet wird. Dann folgen im Wechsel 1 Luftmasche und 2 zusammen abgemaschte Stäbchen in derselben Einstichstelle. Jeweils eine Einstichstelle wird übersprungen. Die Runde wird mit 1 Kettenmasche geschlossen. Wenn du nach unserer Maschenzahl im Anschlag gearbeitet hast, besteht eine Runde aus 30 zusammen abgemaschten Stäbchen. Für die *2. Runde* wechselst du die Farbe. Die beiden zusammen abgemaschten Stäbchen werden jeweils um die Luftmasche der Vorreihe gehäkelt. Dadurch wird das Muster versetzt. Sieh dir die Musterprobe an; sie zeigt den Farbwechsel und das Versetzen des Musters.
Nach 5 Runden mußt du *abnehmen* (↑ Musterprobe): In der *6. Runde* häkelst du die jeweils zusammen abgemaschten Stäbchen *ohne* Luftmaschen dazwischen. In der *7. Runde* maschst du 4 Stäbchen zusammen ab. In der *8. Runde* häkelst du zwischen die jeweils zusammen abgemaschten 4 Stäbchen 2 zusammen abgemaschte Stäbchen. In der *9. Runde* maschst du wieder 4 Stäbchen zusammen ab. Nun bleibt nur noch eine kleine Öffnung. Schneide den Arbeitsfaden in etwa 30 cm Länge ab und ziehe ihn durch die letzte Schlinge. Vernähe ihn gut.

7

Wickle nach der Anleitung auf Seite 11 einen Pompon und nähe ihn oben auf die Mütze.

PUPPENPULLOVER

Wir stellen dir einen Puppenpullover vor, der im gleichen Muster wie die Mütze gehäkelt wird.
Wenn du auch noch die gleiche Wolle nimmst, passen Pullover, Mütze und Schal gut zusammen.
Du brauchst dazu:
etwa 35 g blaues und 25 g weißes mittelstarkes Wollgarn, 1 Häkelnadel Nr. 2½ bis 3.
Unsere Puppe hat eine Rückenlänge von 7 cm; die Oberweite beträgt 18 cm, die Taillenweite 17 cm, und die Arme sind 9,5 cm lang. Willst du den Pullover einer größeren Puppe anziehen, mußt du die Anzahl der Maschen und Reihen verändern.
Beginne wie bei der Mütze am unteren Rand. Häkle 60 Luftmaschen und schließe die Luftmaschenkette mit einer Kettenmasche zum Ring.
Häkle dann 4 Runden feste Maschen. Jede Runde beginnt mit 1 Luftmasche und wird mit 1 Kettenmasche geschlossen.
Dann beginnt das *zweifarbige Muster:* Häkle in jeder Runde 30mal 2 zusammen abgemaschte Stäbchen und dazwischen 1 Luftmasche. Das erste Stäbchen der Runde wird jeweils durch 2 Luftmaschen ersetzt. Das Muster wird versetzt, indem du die beiden zusammen abgemaschten Stäbchen stets in die Luftmasche der Vorrunde häkelst. Nach 6 Runden im Wechsel weiß und blau die Arbeit teilen.
Vorder- und Rückenteil werden jetzt getrennt weitergehäkelt.
Die *Ärmel* werden dabei gleich angearbeitet: Häkle zuerst mit einem Faden weißer Wolle eine Luftmaschenkette von 16 Maschen. Diese Kette legst du beiseite. Dann häkelst du mit dem Knäuel weißer Wolle, mit dem du die vorletzte Runde gehäkelt hast, vom Ausgangspunkt der Runde aus 16 Luftmaschen.
Wende mit 2 Luftmaschen und arbeite in diese 16 Luftmaschen 8mal 2 zusammen abgemaschte Stäbchen mit je 1 Luftmasche dazwischen (die beiden Wendeluftmaschen zählen als 1 Stäbchen). Jetzt bist du wieder am Ausgangspunkt angelangt und häkelst im Muster über die Hälfte der Runde weiter (15 Muster). Nun nimmst du die vorbereitete weiße Luftmaschenkette und arbeitest fortlaufend in diese Kette mit weißer Wolle 8mal das Muster.
In Reihen wird weitergearbeitet, in wechselnden Farben wie bisher. Nach 4 Reihen ist das Vorderteil mit der rechten und linken Ärmelhälfte fertig. Schneide den Arbeitsfaden ab und ziehe ihn durch die letzte Schlinge.
Häkle das Rückenteil mit den anderen beiden Ärmelhälften fertig. Beginne am unteren Ärmel mit weißer Wolle und häkle 8 Muster in den unteren Ärmelrand. Dann folgen 15 Muster am Rückenteil und danach noch 8 Muster am unteren Rand des zweiten Ärmels. Dann wechselst du die Farbe. Achte darauf, daß du auch in den folgenden 4 Reihen immer 31 Muster hast. Häkle nun die Schulternähte und fortlaufend die oberen Ärmelnähte zusammen: Beginne am unteren Ärmelrand und häkle im Wechsel 2 zusammen abgemaschte Stäbchen in das Vorderteil und 1 feste Masche in das hintere Ärmelteil. Mit 9 Mustern ist die eine Naht geschlossen. Die zweite Naht beginnst du am Halsausschnitt. Arbeite sorg-

fältig. Auch hier dürfen es nur 9 Muster sein.
Nun werden noch *Ärmelbündchen* angehäkelt. Sie bestehen aus 5 Runden festen Maschen, jede Runde hat 18 feste Maschen. Wieder wird jede Runde mit 1 Luftmasche begonnen und mit 1 Kettenmasche geschlossen.
Das offengebliebene große Halsloch umhäkelst du ebenfalls mit 5 Runden festen Maschen. In der 1. Runde stichst du einmal in die zusammen abgemaschten Stäbchen und einmal dazwischen ein.
Beginne auch diese Runden mit einer Luftmasche und beende sie mit 1 Kettenmasche. Links und rechts wird das Halsloch mit einer Öse und einem Knopf geschlossen. Für die Öse spannst du 2 Wollfäden am vorderen Ausschnittrand rechts und links und umstichst sie mit Schlingstichen. Die Knöpfe nähst du an den hinteren Ausschnittrand, den Ösen gegenüber.

SONNENPULLI FÜR DICH

Du brauchst dazu:
100 g feines Wollgarn,
1 Häkelnadel Nr. 2½.

Der Pulli wird nach der Musterprobe a, Seite 82, gearbeitet, du mußt Luftmaschen, feste Maschen und Stäbchen häkeln können und solltest dich auch im Lesen von Häkelmustern schon geübt haben.
Der Schnitt für den Pulli ist ganz einfach: ein langgestrecktes Rechteck. Der Pulli wird an der Schmalseite, der Seitennaht, begonnen und im Streifenmuster gehäkelt. Die Streifen verlaufen als Längsmuster.
Für die *Länge des Pullis* mißt du von deiner Achselhöhle bis zur Taille und addierst 5 cm hinzu. Dieses Maß entspricht der Schmalseite des Rechtecks und ist das Maß für die Länge der Luftmaschenkette am Anfang der Arbeit.
Für die *Weite des Pullis* mißt du deine Oberweite. Halte dabei das Bandmaß locker um die dickste Stelle und gib dann noch 4 cm hinzu. Dieses Maß entspricht der Länge des Rechtecks.
Unser Modell ist für Körpergröße 152 berechnet. Wir haben mit 70 Luftmaschen begonnen. Miß nach, ob eine Luftmaschenkette von 70 Luftmaschen auch für die Länge deines Pullis ausreichen wird (gemessen von der Achselhöhle zur Taille plus 5 cm). Häkle noch 3 Wendeluftmaschen, wende und häkle als 1. Reihe 70 Stäbchen. Wende jetzt mit 4 Luftmaschen und häkle in das 3. Stäbchen der Vorreihe 1 Stäbchen. Es folgen nun im Wechsel 1 Luftmasche und in jedes 2. Stäbchen der Vorreihe 1 Stäbchen, so daß ein regelmäßiges Gittermuster entsteht. Die 3. und 4. Reihe werden wie die 2. Reihe im Gittermuster gehäkelt (↑ Abb. a, Seite 82). Die 5. Reihe besteht wie die 1. Reihe nur aus Stäbchen. Jeweils 1 Stäbchen wird in das Stäbchen der Vorreihe, das nächste in die Luftmasche der Vorreihe gestochen. Diese Reihe muß 70 Stäbchen haben.
Zähle nach!
In dieser Musterfolge wird weitergearbeitet: 3 Reihen Gittermuster, 1 Reihe durchgehend Stäbchen; wieder 3 Reihen Gittermuster, 1 Reihe Stäbchen usw.
Das Vorderteil des Pullis soll oben etwas höher sein als das Rückenteil. Die Reihen müssen demnach verbreitert werden, und zwar um zwei Gitterkaros. Das machst du so: Am Ende der 3. durchgehenden Stäbchenreihe häkelst du in das letzte

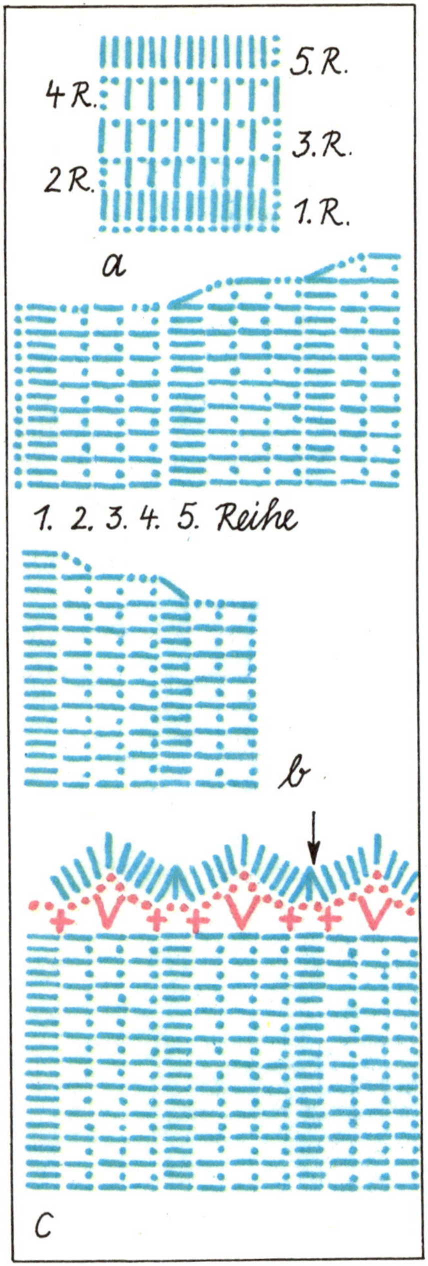

Maschenglied 2 Stäbchen. Nach dem Wenden erhältst du in der Gitterreihe 1 zusätzliches Karo. In der 3. Gitterreihe stichst du nach den 4 Wendeluftmaschen in das 1. Stäbchen der Vorreihe. Dadurch entsteht das 2. zusätzliche Karo. Nach 6 verlängerten Musterstreifen (jeder besteht aus insgesamt 4 Reihen) verringerst du die Reihen wieder: erst um 1 Karo, dann in der übernächsten Reihe um das 2. Karo. Du mußt nach diesem Abnehmen wieder 70 Stäbchen in der Reihe haben. Zähle nach! Sieh dir auch die Musterzeichnung b auf Seite 82 an. Hier ist gezeigt, wie die Reihen verlängert und wieder verkürzt werden.

Das gehäkelte Teil muß am Ende etwa 72 cm lang sein. Bei uns sind das 26 Musterstreifen (also 26mal 3 Gitterreihen plus 1 Stäbchenreihe). Prüfe nach, ob das Teil die für dich nötige Weite ergibt. Achte darauf, daß du die Arbeit mit einer 3. Gitterreihe beendest. Dann passen Anfang und Ende im Muster genau zusammen. Nun werden Anfang und Ende des Rechtecks sorgfältig von links mit einer Naht geschlossen. Stich in jedes Maschenglied der Anfangs- und Endreihe. Befestige den Nähfaden am Anfang gut, und verstich ihn auch fest, damit die Naht hält. Nach der Musterzeichnung c umhäkelst du in zwei Runden den oberen und den unteren Rand des Pullis mit einer Bogenkante. Bevor du beginnst, vergleichst du die Zeichen für das Muster noch einmal mit der Zeichenerklärung auf Seite 49. Der Pfeil auf Musterzeichnung c zeigt, daß du an dieser Stelle 3 Stäbchen zusammen abmaschen mußt.

Drehe nun aus der Häkelwolle eine Kordel (↑ Seite 17), so lang, daß sie um deine Taille reicht und zur Schleife gebunden werden kann. Die Kordel für unseren Pulli ist 1,30 m lang. Die Kordel ziehst du in Taillenhöhe (etwa 5 cm vom unteren Rand entfernt) durch das Gittermuster.

Die *Träger* beginnst du mit einer Luftmaschenkette von 90 Luftmaschen. Zu beiden Seiten der Luftmaschenkette häkelst du je eine durchgehende Reihe Stäbchen ein. So entsteht links und rechts ein gleichmäßiger Rand.

Nähe die Träger vorn und hinten mit feinen Stichen innen am oberen Kantenabschluß an. Laß dir beim

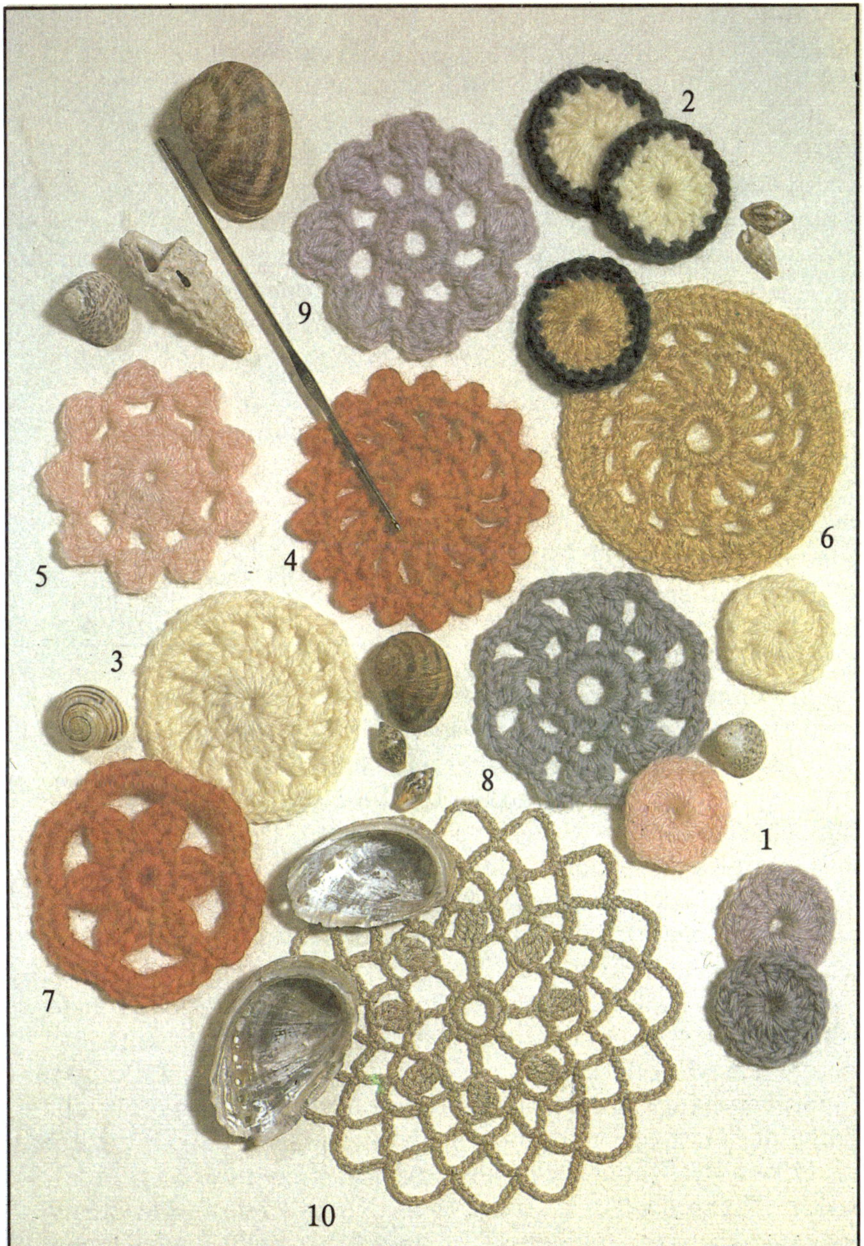

Anstecken helfen und markiere dir vorher die vordere und die hintere Mitte. Von hier aus muß gleichmäßig nach beiden Seiten gemessen werden.
Der Pulli läßt sich beliebig für verschiedene Größen verlängern und auch erweitern. Wenn es dir besser gefällt, kannst du ihn auch so kurz arbeiten, daß er nur bis zur Taille reicht.

RUNDE FORMEN

In diesem Abschnitt lernst du das Häkeln von runden Formen nach einer *Maschenzeichnung.* Eine solche Zeichnung wird auch als Musterschrift oder Häkelschrift bezeichnet.
Probiere die runden Formen mit dicken und dünnen Garnresten in den verschiedensten Farben. Du wirst dadurch zu ganz unterschiedlichen Ergebnissen gelangen. Diese gehäkelten Blüten und Sterne kannst du einzeln zum Schmücken von Pullis, Taschen, Mützen und vielen anderen Gegenständen verwenden. Nähst du viele gut zueinander passende zusammen, ergeben sie Kissenplatten oder eine bunte Decke.
Alle Formen beginnen in der Mitte mit einem *Luftmaschen-*

ring. Du häkelst die angegebene Anzahl Luftmaschen und schließt die Luftmaschenkette mit einer Kettenmasche zum Ring. Stich die Kettenmasche in die 1. Luftmasche.

Jede weitere Runde schließt in der Regel ebenfalls mit 1 Kettenmasche. Die rundenschließende Kettenmasche ist in der Musterzeichnung durch ein Häkchen dargestellt. Jede neue Runde beginnt mit der in der Zeichnung angegebenen Luftmaschenanzahl. Diese Luftmaschen ersetzen meist das erste Stäbchen oder Doppelstäbchen der neuen Runde. Die Anfangsluftmaschen sind (wie auch die Wendeluftmaschen) mit dicken Punkten gekennzeichnet.

In manchen Mustern gibt es allerdings auch Runden, die anders angefangen und beendet werden müssen. In solchen Fällen wird der Übergang zur nächsten Runde besonders gekennzeichnet (z. B. für die Form 8 und das Zierdeckchen, Abb. 10). Sieh dir dazu die Musterzeichnungen f und j ganz vorn im Buch an. Du mußt stets die Musterzeichnungen genau lesen, bevor du häkelst.

Die *einfachste Form*, die zugleich oft der Anfang für größere runde Formen ist, zeigen die Abbildung 1 auf Seite 82 und die Zeichnung a ganz vorn im Buch.

Beginne mit einer Luftmaschenkette aus 6 Luftmaschen. Schließe sie mit einer Kettenmasche zum Ring.

Die 2. Runde beginnt mit 3 Luftmaschen (anstelle des 1. Stäbchens). Dann häkelst du um die Luftmaschenkette 15 Stäbchen und schließt die Runde mit einer Kettenmasche. Den Anfangsfaden führst du zwischen den Maschen dieser Runde mit, du „häkelst ihn ein“. Du brauchst ihn also nicht zu verstechen, bevor du ihn abschneidest. Am Ende der Runde schneidest du den Arbeitsfaden ab, ziehst ihn durch die letzte Schlinge und verstichst ihn gut, bevor du das Ende abschneidest.

Sollte sich die Stäbchenrunde dieser einfachen Form nicht schön flach legen lassen, sondern steht wie ein Körbchen in die Höhe, erweiterst du die Runde auf 17 Stäbchen. Die Maschenanzahl und das Zunehmen hängt von der Stärke des Garns ab und auch davon, wie straff oder locker du häkelst. Wenn die Form „trudelt“ und am Rand Wellen schlägt, ist ratsam, etwas fester zu häkeln. Wird die Form zu straff und wölbt sich, häkle lockerer. Auf jeden Fall prüfe sorgfältig, ob sich eine glatte Fläche ergibt.

Die Maschenanzahl läßt sich nicht in jedem Fall einfach vergrößern oder verringern, weil dann das Muster in den nächsten Runden nicht „aufgeht“.

MERKE: *Wenn bei runden Formen das fortlaufende Muster von der Maschenanzahl der 1. Runde abhängt, darf die Maschenzahl nicht verändert werden.*

Eine *Variante* für die einfachste runde Form ist ein Abschluß aus andersfarbigem Garn (Abb. 2 und Zeichnung b vorn im Buch). Der Arbeitsfaden bleibt hängen. Du holst mit dem anderen Garn aus der ersten Masche der Vorrunde eine Schlinge, holst den Faden nochmals durch die Schlinge und ziehst beide Fadenenden straff. Häkle nun 1 Luftmasche und in dieselbe Einstichstelle 1 feste Masche. Häkle in jedes Maschenglied der Vorrunde fortlaufend 2 feste Maschen und führe beide Fadenenden

mit, so brauchst du sie nicht zu verstechen. Schließe die Runde mit einer Kettenmasche, schneide den Arbeitsfaden ab, ziehe ihn durch die letzte Schlinge und verstich ihn.
Die nachfolgend beschriebenen drei Formen gehen auf die einfache Grundform zurück:
Form 3 (weiß) – Zeichnung c vorn im Buch: Hier siehst du deutlich die einfache Grundform: Luftmaschenkette von 6 Luftmaschen mit Kettenmasche zum Ring schließen, in den Ring 15 Stäbchen häkeln. Für das erste Stäbchen stehen 3 Luftmaschen.
2. Runde: 5 Luftmaschen; 3 davon stehen für das 1. Stäbchen. (Es sind die 3 dicken Punkte am Anfang der Runde. Die Pünktchen hingegen stehen für die Luftmaschen innerhalb der Runde.)
Darauf folgen im Wechsel 1 Stäbchen, 2 Luftmaschen. Das Stäbchen wird jeweils in das folgende Stäbchen der Vorrunde eingestochen. Die Runde schließt mit einer Kettenmasche in der 3. Luftmasche des Rundenanfangs.
3. Runde: 2 Luftmaschen. Dann folgen im Wechsel 2 feste Maschen, 1 Luftmasche. Die festen Maschen häkelst du *um* die Luftmaschen der Vorrunde. Die Runde schließt mit 1 Kettenmasche. Den abgeschnittenen Arbeitsfaden ziehst du durch die letzte Schlinge und verstichst das Fadenende auf der Rückseite.
Form 4 (weinrot) – Zeichnung d vorn im Buch: 1. und 2. Runde häkelst du wie bei Form 3.
3. Runde: Du umhäkelst die Form mit kleinen Ösen, „Mäusezähnchen“. Beginne mit 3 Luftmaschen. Zurück in die 1. Luftmasche häkelst du 1 feste Masche, so daß ein winziger Ring entsteht (↑ Seite 55). Dann häkelst du um die Luftmasche der Vorrunde 1 feste Masche zur Befestigung der kleinen Öse. Arbeite ringsum im Wechsel 1 Öse, 1 feste Masche. Nach der letzten festen Masche schneidest du den Faden ab und ziehst ihn durch die Schlinge. Verstich das Fadenende gut. Wenn du diese Form nicht aus Wolle, sondern aus feinem Häkelgarn arbeitest, kannst du sie als Tischdecke in deiner Puppenstube auflegen.
Form 5 (rosa) – Zeichnung e vorn im Buch: Beginne mit einem Luftmaschenring aus 6 Luftmaschen. Häkle 18 Stäbchen hinein (für das 1. Stäbchen stehen 3 Luftmaschen). Die 2. Runde beginnst du mit 7 Luftmaschen (3 stehen für das 1. Stäbchen). Häkle in die 4. Luftmasche 2 Stäbchen, und zwar in dieselbe Einstichstelle. Das 3. Stäbchen arbeitest du in das übernächste Stäbchen der Vorrunde. Dann häkelst du nach dem Muster weiter: im Wechsel 4 Luftmaschen, 2 Stäbchen zurückgreifend in die 1. Luftmasche, 1 Stäbchen in das übernächste Stäbchen der Vorrunde. Die Runde mit 1 Kettenmasche schließen.
An diesem Beispiel siehst du, wie durch das Verändern einer einzigen Runde ein völlig anderes Muster entsteht.
Form 6 (goldgelb) – Zeichnung f vorn im Buch: Nimm für diese Form feines Häkelgarn. Beginne mit einem Luftmaschenring aus 8 Luftmaschen. Umhäkle den Ring mit 16 festen Maschen.
2. Runde: Häkle im Wechsel 16 Doppelstäbchen und 2 Luftmaschen. Diese Runde mußt du mit 6 Luftmaschen beginnen; 4 davon stehen anstelle des 1. Doppelstäbchens. Die Runde schließt du mit einer Kettenmasche, die du in die 4. Anfangsluftmasche der Runde häkelst.

Vergleiche noch einmal mit dem Muster!
3. Runde: 5 Luftmaschen (2 davon stehen für das 1. halbe Stäbchen), danach folgen im Wechsel 1 halbes Stäbchen, 3 Luftmaschen. Das halbe Stäbchen stichst du jeweils in das volle Maschenglied der Vorrunde. Schließe die Runde mit 1 Kettenmasche, die du in die 2. Anfangsluftmasche häkelst.
4. Runde: Häkle um die 3 Luftmaschen der Vorrunde jeweils 4 Stäbchen. Diese Runde beginnt mit 3 Luftmaschen, die für das 1. Stäbchen stehen. Sie schließt mit 1 Kettenmasche.
Form 7 (weinrot) – Zeichnung g vorn im Buch: Diese Form ähnelt einer Blüte. Häkle um einen Luftmaschenring aus 6 Luftmaschen 12 feste Maschen. Beginne die 2. Runde mit 4 Luftmaschen (für das 1. Doppelstäbchen). In das nächste Maschenglied der Vorrunde arbeitest du 2 Doppelstäbchen, die du im letzten Maschenglied zusammen abmaschst (↑ Seite 52, Abb. 3, unten).
Dann folgen 6 Luftmaschen. Für das nächste Blütenblatt häkelst du in das nächste Glied der Vorrunde 1 Doppelstäbchen und in das nachfolgende Maschenglied 2 Doppelstäbchen. Alle 3 Doppelstäbchen werden zusammen abgemascht. Zwischen die zusammen abgemaschten Doppelstäbchen häkelst du 6 Luftmaschen. Schließe die Runde mit 1 Kettenmasche.
Die letzte Runde besteht aus festen Maschen: Häkle um jeden Luftmaschenbogen 8 feste Maschen.
Form 8 (graublau) – Zeichnung h vorn im Buch: In einen Luftmaschenring aus 8 Luftmaschen werden 16 feste Maschen gehäkelt. In der 2. Runde folgen im Wechsel 5 Luftmaschen, 1 feste Masche. Die feste Masche stichst du jeweils in das zweitfolgende Maschenglied der Vorrunde. Es entstehen 8 Luftmaschenbogen.
Die 3. Runde beginnt in der Mitte des Luftmaschenbogens, deshalb häkelst du bis zur Bogenmitte 3 Kettenmaschen. Sie ergeben allerdings eine etwas verdickte Stelle.
Um diesen unschönen Rundenbeginn zu vermeiden, häkelst du beim letzten Bogen der 2. Runde nur 2 Luftmaschen und dann noch 1 Stäbchen in die 1. feste Masche der Runde. Auf diese Weise liegt der Ausgangspunkt für die 3. Runde in Bogenmitte. Die 3. Runde beginnt mit 3 Luftmaschen (für das 1. Stäbchen) und 2 Stäbchen. Die Stäbchen häkelst du um den Luftmaschenbogen der Vorrunde.
Es folgen 4 Luftmaschen und dann im Wechsel 3 Stäbchen in jeden weiteren Luftmaschenbogen und dazwischen immer 4 Luftmaschen. Diese letzte Runde wird mit 1 Kettenmasche geschlossen.
Form 9 (lila) – Zeichnung i vorn im Buch: Beginne mit einem Luftmaschenring von 8 Luftmaschen. Häkle ringsum 16 feste Maschen.
2. Runde: Häkle im Wechsel achtmal 1 Stäbchen, 4 Luftmaschen (für das 1. Stäbchen 3 Luftmaschen). Ende mit einer Kettenmasche.
3. Runde: Auf jedem Stäbchen der Vorrunde stehen 3 zusammen abgemaschte Stäbchen. Dazwischen liegen 3 Luftmaschen, 1 feste Masche, die um den Luftmaschenbogen der Vorrunde zu häkeln ist, 3 Luftmaschen. Sieh dir die Musterzeichnung genau an.

SPITZENDECKCHEN

Zum Abschluß des Abschnitts „runde Formen“ zeigen wir ein

etwas größeres Häkeldeckchen aus feinem Häkelgarn (Abb. 10, Seite 83 und Zeichnung j vorn im Buch). Nimm dazu eine Häkelnadel mit Steckhülse Nr. 5. Du beginnst nach dem Mustersatz der Form 9. Aber anstelle der Stäbchen stehen hier Doppelstäbchen. Dazwischen ist immer 1 Luftmasche mehr zu häkeln.
Dann vergrößerst du die Form nach der Musterzeichnung 10 (vorn im Buch) mit mehreren Runden aus Luftmaschenbogen. Die Bogen werden in jeder Runde um 2 Luftmaschen vergrößert. Achte auf die Übergänge zur nächsten Runde. Sie sind aus der Musterzeichnung abzulesen.
Wir haben schon darauf hingewiesen, daß du die kleinen runden Formen auch zu größeren Flächen zusammensetzen kannst, indem du sie an den Rändern mit wenigen Stichen verbindest. Häkelst du runde Formen aus Bast, können sie als Untersetzer dienen.
Häkeldeckchen aus Häkelgarn feuchtest du mit einem Wäschestärkemittel an (verwende es nach Vorschrift, laß dich von deiner Mutter beraten) und spannst sie – mit der rechten Seite nach unten – auf

eine saubere feste Unterlage. Nimm zum *Spannen* rostfreie Stecknadeln! Ist das Deckchen trocken, kannst du es vorsichtig von links überbügeln.
Bastuntersetzer werden nicht gespannt, aber unter feuchtem Tuch von links flachgebügelt.

NETZMÜTZE MIT PASSENDEM TÄSCHCHEN

Du brauchst für die Mütze:
etwa 20 g feines weißes Wollgarn,
für das Täschchen:
etwa 50 g feines weißes Wollgarn, einen kleinen Rest türkis-

farbenes und einen Rest hellrotes mittelstarkes Wollgarn, 1 Häkelnadel Nr. 2½, 1 Häkelnadel Nr. 3.

Die *Mütze* mit 120 Luftmaschen beginnen (= 57 cm; miß nach, damit die Mütze auch auf deinen Kopf paßt). Die Musterzeichnung zeigt in der Breite innerhalb der Pfeile 2 Mustersätze und vom rechten seitlichen Rand aus das „Klettern" mit Kettenmaschen am Beginn der neuen Runde (↑ Seite 87). Als *Mützenrand* werden halbe Stäbchen gearbeitet. In der 1. Runde werden sie in die Anschlagluftmaschen gehäkelt, in der 2. und 3. Runde in die vollen Maschenglieder der Vorrunde. Jede Runde beginnt mit 2 Luftmaschen und wird mit 1 Kettenmasche geschlossen. Nach 3 Runden Arbeit wenden und im Netzmuster weiterarbeiten: 9 Luftmaschen, 1 Kettenmasche im Wechsel. In der ersten Runde werden die Kettenmaschen in jedes 5. halbe Stäbchen der Vorrunde gehäkelt. Es sind 24 Luftmaschenbogen. In den folgenden Runden häkelst du die Kettenmaschen um die mittlere Luftmasche des Luftmaschenbogens der Vorreihe. In der 9. Runde mußt du an 6 gleichmäßig ver-

teilten Stellen abnehmen: Du häkelst nach einer Kettenmasche in den folgenden Luftmaschenbogen gleich wieder eine Kettenmasche, ohne Luftmaschen dazwischen zu häkeln. Die 10. Runde wird ohne abzunehmen gehäkelt (18 Luftmaschenbogen). In der 11. und 12. Runde wird wieder an je 6 Stellen abgenommen. Die Abnehmestellen sind zu versetzen. Zuletzt jede mittlere Luftmasche der 6 restlichen Luftmaschenbogen zusammennähen.

Blüten: Schließe einen Luftmaschenring aus 5 Luftmaschen mit einer Kettenmasche. Häkle in diesen Ring abwechselnd 1 Kettenmasche, 5 Luftmaschen (5mal). Häkle um jeden Luftmaschenbogen 2 feste Maschen, 2 halbe Stäbchen, 1 Stäbchen, 2 halbe Stäbchen, 2 feste Maschen. Nähe die beiden Blüten am Mützenrand an.

Täschchen: Das Muster ist ganz einfach. 1 Reihe: feste Maschen, alle folgenden Reihen jeweils 2 zusammen abgemaschte feste Maschen in das volle Maschenglied der Vorreihe häkeln.

Maschenanschlag: 36 Luftmaschen (= 17 cm). Häkle 64 Reihen im Muster. In der 11. und in der 19. Reihe nimmst du am Rand je 1 Masche zu. In der 27. und in der 35. Reihe nimmst du an beiden Rändern je 1 Masche ab, und in der 53. und in der 61. Reihe mußt du nochmals je 1 Masche zunehmen. Für die *seitlichen Taschenteile* brauchst du eine Luftmaschenkette von 19 Luftmaschen. Sie wird an beiden Seiten behäkelt. Zunächst arbeitest du in die 2. bis 18. Luftmasche je 1 feste Masche. In die letzte Luftmasche häkelst du 5 feste Maschen (die untere Rundung des Seitenteils), danach häkelst

du als Rückreihe in die anderen Glieder des Anschlags ebenfalls feste Maschen. In der 2. Reihe häkelst du wieder 2 zusammen abgemaschte feste Maschen in die vollen Maschenglieder der Vorreihe.
Den *Henkel* beginnst du mit 4 Luftmaschen. Häkle hin und hergehend 2 zusammen abgemaschte feste Maschen, 1 feste Masche, 1 Wendeluftmasche. Unser Henkel ist 92 cm lang.
Die Blüten in Hellrot und Hellblau werden genauso gehäkelt wie die für die Mütze.
Die beiden Seitenteile zwischen das Taschenteil nähen. Die Schmalseiten des Henkels gut festnähen. Die Taschenklappe und der obere Rand der Tasche werden türkisfarben mit festen Maschen umhäkelt. Den beiden seitlichen Rändern der Klappe mußt du zuvor je 17 Kettenstiche aufsticken. Dann häkelst du dem oberen Rand der Tasche 1 Reihe feste Maschen an. Das Umhäkeln der Klappe beginnst du am rechten seitlichen Rand. Häkle die festen Maschen in die aufgestickten Kettenstiche. Am unteren Rand stichst du in die vollen Maschenglieder der (weißen) Vorreihe ein. Nähe die beiden Blüten rechts auf die Klappe.

KRAGEN AUS FEINEM GARN

Du brauchst dazu:
20 g feines Wollgarn,
1 Häkelnadel Nr. 2.
Bei einer solchen Spitzenhäkelei mußt du die Häkelschrift, also die Musterzeichnung, gut lesen können und während der Arbeit auch öfter die Maschenzahl kontrollieren. Fühlst du dich nicht sicher, schlage die Seiten 49 und 53 auf und präge dir die Zeichen für die einzelnen Maschen ein.
Du beginnst den Kragen mit 73 Luftmaschen (bei etwa 28 cm Halsumfang). Wende mit 1 Luftmasche und häkle in der 1. Reihe im Wechsel 3 feste Maschen, 7 Luftmaschen. Die Reihe wird mit 3 festen Maschen beendet. Die Zeichnung auf dem beigelegten Bogen zeigt das Muster des *halben* Kragens. Die Kragenmitte liegt bei der gestrichelten Linie zwischen den Pfeilen.
Die rote Reihe feste Maschen am inneren Rand des Kragens wird erst ganz am Schluß gehäkelt. Du brauchst sie vorläufig nicht zu beachten.
Die 2. Reihe beginnt nach dem Wenden mit 2 festen Maschen. 4 Luftmaschen, 1 feste Masche (sie wird in die Mitte des Luftmaschenbogens der Vorreihe gehäkelt), 4 Luftmaschen, 2 feste Maschen folgen im Wechsel.
3. Reihe: 1 feste Masche, 3 Luftmaschen, 5 Doppelstäbchen. Diese Doppelstäbchen werden alle in die feste Masche der Vorreihe gehäkelt. Zwischen die Doppelstäbchen häkelst du je 2 Luftmaschen. Nach den Doppelstäbchen folgen 3 Luftmaschen, 1 feste Masche (zwischen die beiden festen Maschen der Vorreihe), 3 Luftmaschen. Darauf folgen wieder die 5 Doppelstäbchen mit dazwischen je 2 Luftmaschen. Sieh dir die Musterzeichnung an. Am Ende der 3. Reihe häkelst du zusätzlich noch 2 feste Maschen, um an

den unteren Rand zu kommen. Dort beginnt die 4. Reihe.
4. Reihe: 2 Luftmaschen, 1 Stäbchen, 2 Luftmaschen, 1 Stäbchen. Die beiden Stäbchen stehen in einer Einstichstelle. Immer 2 Einstichstellen werden übersprungen. Zwischen den Bogen aber stehen – jeweils über dem letzten und dem ersten Doppelstäbchen aus dem Bogen der Vorreihe – 2 Doppelstäbchen ohne Luftmaschen dazwischen. Auch das solltest du dir erst noch einmal auf der Musterzeichnung ansehen, damit du keine Fehler machst.
5. Reihe: im Wechsel 2 feste Maschen, 1 Öse (4 Luftmaschen, 1 feste Masche zurück in die 1. Luftmasche häkeln), wieder 2 feste Maschen. Zwischen den Bogen (vor, zwischen und hinter den beiden Doppelstäbchen der 4. Reihe) aber stehen jeweils 3 feste Maschen. Hast du die 5. Reihe beendet, brauchst du nur noch die Reihe feste Maschen am Innenrand des Kragens zu häkeln (in der Abb. rot gekennzeichnet). Stich dabei in jedes Luftmaschenglied ein. Möchtest du den Kragen vergrößern für einen größeren Ausschnitt, mußt du ihn um ein ganzes Muster erweitern, das sind 7 Luftmaschen mehr im Anschlag. Diese Erweiterung entspricht etwa 2,7 cm.

KLEIDUNG FÜR PUPPENSTUBENPÜPPCHEN

In den folgenden Abschnitten machen wir Vorschläge, wie du deine Puppenstubenpüppchen von Kopf bis Fuß „einhäkeln“ kannst. Achte bei der Farbwahl darauf, daß alles gut zusammenpaßt. Wir haben solche Modelle ausgewählt, die du miteinander kombinieren kannst. Unsere Püppchen sind nur 9 cm groß.

KAPUZENMANTEL

Du brauchst dazu:
türkisfarbenes mittelstarkes Wollgarn,
1 Häkelnadel Nr. 2.
Der *Mantel* wird in festen Maschen gehäkelt. Wir haben abwechselnd einmal ins vordere und einmal ins hintere Maschenglied der Vorreihe eingestochen.
Maschenanschlag: 14 Luftmaschen (= 6 cm) und 1 Wendeluftmasche. Häkle 5 Reihen feste Maschen. In der 2. und in der 4. Reihe maschst du zum Abnehmen an beiden Rändern je 2 Maschen zusammen ab. Nach der 5. Reihe häkelst du für die Ärmel an beiden Seiten 3 Luftmaschen an und häkelst 3 Reihen über 16 Maschen. Für den Ausschnitt bleiben nun in der Mitte 6 Maschen frei. Du arbeitest in zwei Teilen weiter: Zuerst 1 Reihe über 5 Maschen. Dann mußt du innen am Ausschnitt 3 Maschen anhäkeln. Häkle 2 Reihen über 8 Maschen. Laß dann außen die 3 Ärmelmaschen frei und häkle das Vorderteil (5 Reihen) fertig. In der 2. und in der 4. Reihe mußt du an beiden Seite je 1 Masche zunehmen, du häkelst 2 feste Maschen in ein Maschenglied. Häkle das zweite Vorderteil.
Die *Kapuze* beginnst du mit 15 Luftmaschen und häkelst 7 Reihen feste Maschen.
Schließe die Seiten- und Ärmelnähte des Mantels. Nähe die Kapuze zuerst in der hinteren Mitte zusammen und nähe sie dann am Ausschnitt des Mantels fest. Ziehe eine 24 cm lange Luftmaschenkette durch den Ausschnitt, verknote die Enden.

LANGE HOSE MIT RINGELOBERTEIL

Du brauchst dazu:
Wollgarnreste in Dunkelrot, Türkis und Weiß,
1 Häkelnadel Nr. 2.

Die *Hose* wird in Runden aus festen Maschen gehäkelt. Jede Runde beginnt mit 1 Luftmasche und schließt mit 1 Kettenmasche. Maschenanschlag: 18 Luftmaschen (= 6 cm). 6 Runden feste Maschen häkeln. Für die Hosenbeine die Arbeit teilen. Zwischen beiden Teilen (als Zwickel) 2 Luftmaschen anhäkeln. Jedes Hosenbein für sich in 4 Runden aus je 11 festen Maschen häkeln. Das *Oberteil* wird in zwei Teilen der Hose gleich angehäkelt. Vorder- und Rückenteil werden in Reihen zu je 8 festen Maschen gearbeitet: 2 Reihen weiß, 2 Reihen türkis. Vergiß die Wendeluftmaschen nicht! Mit 2 lockeren Stichen schließt du die Schulternähte.

FALTENKLEIDCHEN MIT JACKE UND MÜTZE

Du brauchst dazu:
dunkelrote, weiße und türkisfarbene Wollgarnreste,
1 Häkelnadel Nr. 2.

Das *Faltenröckchen* wird an einer Längsseite begonnen. Maschenanschlag (dunkelrot): 7 Luftmaschen und 1 Wendeluftmasche. 1. Reihe: 1 feste Masche, 3 halbe Stäbchen, 2 Stäbchen. Mit 3 Luftmaschen wenden. 2. Reihe: um die Maschen der Vorreihe greifend von rechts nach links einstechen – 1 Stäbchen, 3 halbe Stäbchen und 2 Luftmaschen häkeln. Mit 1 Luftmasche wenden. 3. Reihe: 2 feste Maschen, 3 halbe Stäbchen, 2 Stäbchen. Mit 3 Luftmaschen wenden. In dieser Reihe wird in die vollen Maschenglieder der Vorreihe eingestochen. Die 2. und 3. Reihe werden nun fortlaufend wiederholt.
Nach 22 Reihen ist der Rock fertig.
Oberteil. Maschenanschlag (weiß): 8 Luftmaschen und 1 Wendeluftmasche. Nach 5 Reihen feste Maschen für den vorderen Ausschnitt 4 Maschen frei lassen und in 2 Teilen noch je 3 Reihen arbeiten. Dann für die hinteren Ausschnittränder je 2 Luftmaschen anhäkeln und die beiden Rückenteile mit je 5 Reihen feste Maschen zu Ende häkeln.
Das *Jäckchen* wird am hinteren unteren Rand begonnen. Maschenanschlag (dunkelrot): 9 Luftmaschen und 1 Wendeluftmasche. Nach 4 Reihen feste Maschen werden links und rechts für die Ärmel je 3 Luftmaschen angehäkelt. Nun folgen 3 Reihen feste Maschen (15 müssen es sein). Für den hinteren Ausschnitt 5 Maschen frei lassen und in 2 Teilen mit je 5 Maschen 1 Reihe häkeln. Dann für die vorderen Ausschnittränder je 2 Luftmaschen anhäkeln. 2 Reihen über je 7 Maschen häkeln. Anschließend je 3 Ärmelmaschen frei lassen und die beiden Vorderteile über je 4 Maschen mit 4 Reihen beenden. Seitennaht am Röckchen schließen. Am oberen Rand einen Faden einziehen, der die Weite zusammenhält. Das Röckchen dem unteren Rand des Oberteils aufnähen. Das Oberteil an den Seiten 1 cm hoch zusammennähen. Dem Oberteil im Abstand von ½ cm je 1 Reihe türkisfarbene und dunkelrote Kettenstiche aufsticken. Eine etwa 19 cm lange Luftmaschenkette häkeln und am Ausschnitt einziehen.
Ärmel- und Seitennähte des Jäckchens werden aneinandergenäht. Den vorderen Rändern, dem Ausschnitt und dem

unteren Rand Kettenstiche aufsticken.
Mütze. 4 Luftmaschen (weiß) mit 1 Kettenmasche zur Runde schließen. Um den Luftmaschenring 6 feste Maschen häkeln. In Runden weiterhäkeln. In der 2. und 3. Runde an 6 verteilten Stellen je 2 feste Maschen in eine Einstichstelle häkeln. Noch 3 Runden ohne Zunehmen weiterarbeiten.

CAPE

Du brauchst dazu:
feines weißes Wollgarn,
1 Häkelnadel Nr. 2.
Das Cape wird in Reihen aus halben Stäbchen gehäkelt. Maschenanschlag: 21 Luftmaschen und 2 Wendeluftmaschen (=8 cm). Für die runde Schnittform mußt du zunehmen: In der 2. Reihe an 5, in der 5. Reihe an 4 und in der 7. Reihe an 5 gleichmäßig verteilten Stellen werden je 2 halbe Stäbchen in eine Einstichstelle gehäkelt. Für die Ärmelschlitze wird nach der 3. Reihe in drei Teilen weitergearbeitet (von den Rändern aus gezählt wird je nach der 4. Masche die Arbeit geteilt). Nach 3 Reihen werden die Teile wieder vereinigt und die folgenden 9 Reihen über die gesamte Breite gehäkelt. Wenn dir das Teilen zu umständlich ist, kannst du das Cape auch ohne Ärmelschlitze arbeiten. Häkle eine 25 cm lange Luftmaschenschnur und ziehe sie durch den Ausschnittrand. Zum Cape paßt auch eine türkisfarbene Mütze, die du wie die weiße Mütze häkeln kannst.

KLEID MIT AUFGESTICKTEN BLÜTEN

Du brauchst dazu:
feines Wollgarn in Weiß, Türkis und Dunkelrot,
1 Häkelnadel Nr. 2.
Das Kleid wird am vorderen unteren Rand begonnen. Maschenanschlag (weiß): 15 Luftmaschen und 2 Wendeluftmaschen. 1. Reihe (weiß): halbe Stäbchen. Mit 1 Luftmasche wenden 2. Reihe (weiß): feste Maschen. 3. Reihe (türkis): 2 Luftmaschen, dann halbe Stäbchen.
4. Reihe (weiß): 1 Luftmasche, dann feste Maschen. Mit 1 Luftmasche wenden. 5. Reihe (weiß): feste Maschen. Mit 2 Luftmaschen wenden.
6. Reihe (weiß): halbe Stäbchen. Mit 1 Luftmasche wenden.
7. Reihe (weiß): feste Maschen. Mit 2 Luftmaschen wenden.
8. Reihe (weiß): halbe Stäbchen. In der 4. und 7. Reihe werden links und rechts am Rand 2 feste Maschen zusammen abgemascht (abnehmen!). Am Ausschnitt in der Mitte 3 Maschen stehenlassen und in zwei Teilen (türkis) über je 4 Maschen 2 Reihen feste Maschen häkeln. Für die hinteren Ausschnittränder je 1 (weiße) Luftmasche anhäkeln. In zwei Teilen weiterarbeiten (weiß). 11. Reihe: feste Maschen. 12. Reihe: halbe Stäbchen. 13. Reihe: feste Maschen. 14. Reihe: halbe Stäbchen. 15. und 16. Reihe: feste Maschen. Nun werden beide Teile vereinigt. 17. Reihe (türkis): halbe Stäbchen. 18. Reihe (weiß): feste Maschen. 19. Reihe (weiß): halbe Stäbchen. In der 13. und in der 16. Reihe mußt du links und rechts am Rand 2 feste Maschen in 1 Maschenglied häkeln (zunehmen!). Seitennähte 2,5 cm hoch zusammennähen. 0,5 cm vom unteren Rand entfernt 1 Reihe dunkelrote Kettenstiche aufsticken. Dem Vorderteil 3 und dem Rückenteil 2 dunkelrote Blüten aufsticken. Am Rückenschlitz eine kleine Schlinge arbeiten und ein Knöpfchen annähen.

NOCH EINMAL PUPPENMODE

Zum Schluß des Häkel-Kapitels führen wir noch einige Modelle für Püppchen mit einer Körperhöhe von 16 cm vor. Wenn du sie nacharbeiten möchtest, nimmst du mittelstarkes Wollgarn in gut zueinander passenden Farben. Wir wählten Weiß, Türkis, Hellrot und Dunkelrot. Es genügen kleine Reste. Für alle Modelle nahmen wir eine Häkelnadel Nr. 2.

PULLOVER

Beginne am linken (dunkelroten) Ärmel. Maschenanschlag: 14 Luftmaschen und 2 Wendeluftmaschen. Häkle 5 Reihen dunkelrote halbe Stäbchen, anschließend 2 Reihen halbe Stäbchen in Weiß. Nun mußt du für das Vorder- und Rückenteil je 7 Luftmaschen anhäkeln. Über 28 Maschen werden noch 2 Reihen halbe Stäbchen in Weiß gehäkelt. Jetzt wird die Arbeit für den Halsausschnitt geteilt. 1 Masche frei lassen, und das Vorderteil über 13 Maschen und danach das Rückenteil über 14 Maschen weiterarbeiten: je 4 Reihen halbe Stäbchen hellrot, dann 4 Reihen halbe Stäbchen weiß. Danach werden Vorder- und Rückenteil wieder vereinigt. Die Luftmasche in der Mitte nicht vergessen! Es müssen 28 Maschen sein. Häkle nun 2 Reihen türkisfarben. Jetzt bist du am anderen Ärmel angelangt. Vorder- und Rückenteil sind fertig. Laß also links und rechts je 7 Maschen frei. Häkle 2 Reihen halbe Stäbchen in Türkis und beende die Arbeit mit 5 Reihen in Weiß.
Kragen. Maschenanschlag (weiß): 12 Luftmaschen. Häkle 23 Reihen halbe Stäbchen.
Bund. Maschenanschlag (weiß): 34 Luftmaschen. Häkle 1 Reihe halbe Stäbchen.
Schließe die Ärmel- und Seitennähte. Nähe den Kragen am Ausschnitt auf. Den Bund mit weißen Steppstichen festnähen.

LATZHOSE

Passend zum Pullover wird die Hose im dreifarbigen Ringelmuster gehäkelt, und zwar in halben Stäbchen: 1 Runde türkis, 1 Runde weiß, 1 Runde hellrot, 1 Runde weiß. Jede Runde beginnt mit 1 Luftmasche und wird mit 1 Kettenmasche geschlossen. Am oberen Hosenrand wird begonnen. Maschenanschlag: 26 Luftmaschen (= 11 cm). Luftmaschenkette zum Ring schließen.
6 Runden im dreifarbigen Ringelmuster häkeln. Die Arbeit für die Hosenbeine teilen. Zwischen den Beinen 2 Luftmaschen häkeln. Jedes Hosenbein wird über 15 Maschen im dreifarbigen Ringelmuster zu Ende gehäkelt (6 Runden).
Der *Latz* wird dem vorderen oberen Hosenrand gleich angehäkelt. Häkle mit türkisfarbener Wolle über 6 Maschen (genau in der Mitte!) 3 Reihen halbe Stäbchen. Als Träger häkelst du oben an beiden Seiten des Latzes je 14 Luftmaschen an. In diese Luftmaschen und in die seitlichen Latzränder häkelst du noch 1 Reihe feste Maschen.
Die Träger über Kreuz annähen. Abstand zwischen den Trägern: 2 cm.
Mütze. Maschenanschlag: (türkis) 40 Luftmaschen. Du häkelst im dreifarbigen Ringelmuster halbe Stäbchen.
Beginne jede Runde mit 2 Luftmaschen und beende sie mit 1 Kettenmasche. In der 5., 7., 8. und 9. Runde an 8 gleichmäßig verteilten Stellen abnehmen. Du maschst jeweils

2 halbe Stäbchen zusammen ab. In der 10. Runde nimmst du an 4 Stellen ab. Die Abnehmestellen versetzen. Die letzten Maschen zusammenziehen. Drehe aus türkisfarbener Wolle eine 7 cm lange Schnur (↑ Seite 17) und befestige daran eine etwa 3 cm lange Quaste (↑ Seite 22). Nähe die Schnur an der Mützenmitte fest.

RINGELKLEID MIT TASCHEN

Kleidteile. Vorderes und hinteres Kleidteil werden für sich gehäkelt. Du häkelst in Reihen feste Maschen, und zwar 2 Reihen weiß, 1 Reihe türkisfarben. Maschenanschlag: für beide Kleidteile je 21 Luftmaschen (=7 cm). In der 6., der 12. und der 18. Reihe maschst du links und rechts je 2 feste Maschen zusammen ab. Nach der 18. Reihe für den Ausschnitt in der Mitte 6 Maschen frei lassen und in zwei Teilen weiterarbeiten: je 2 Reihen über 4 Maschen.
Taschen. Maschenanschlag (hellrot): je 5 Luftmaschen. 3 Reihen feste Maschen häkeln.
Ärmelblende. Maschenanschlag (hellrot): 21 Luftmaschen. 1 Reihe feste Maschen häkeln. Die Seitennähte vom unteren Rand aus 3,5 cm hoch schließen. Schulternähte schließen. Zwischen die beiden weißen Reihen feste Maschen Steppstiche mit rotem Garn aufsticken. Jeder Stich reicht über 1 feste Masche. Taschen und Ärmelblenden aufnähen.

ANZUG

Vorderteil und *Rückenteil* werden an der Schulter begonnen. Deshalb muß jeweils bis zum Ausschnitt in 2 Teilen gearbeitet werden.
Vorderteil (dunkelrot). Maschenanschlag je Schulterteil: 5 Luftmaschen und 1 Wendeluftmasche. 1. Reihe: feste Maschen. Dann zwischen den beiden Teilen 6 Luftmaschen anhäkeln (Ausschnittrand) und nun über 16 Maschen 3 Reihen halbe Stäbchen arbeiten. Dann erst die *hinteren Teile* beginnen. Maschenanschlag: je 7 Luftmaschen und 2 Wendeluftmaschen. Dann 4 Reihen halbe Stäbchen häkeln. Jetzt die drei Teile vereinigen und in Runden weiterhäkeln (halbe Stäbchen). Jede Runde beginnt mit 2 Luftmaschen und wird mit 1 Kettenmasche geschlossen. Es müssen 30 Maschen in der Runde sein. Nach 8 Runden (= 4,5 cm) die Arbeit teilen, und die Hosenbeine getrennt weiterhäkeln. Zwischen den Hosenbeinen je 1 Luftmasche häkeln. Nach je 6 Runden halbe Stäbchen sind die Hosenbeine fertig.
Ärmel. Maschenanschlag (dunkelrot): 13 Luftmaschen. Mit Kettenmasche zum Ring schließen, 6 Runden halbe Stäbchen häkeln.
Schulternähte schließen. Ärmel und Armausschnittränder aneinandernähen. Dem Ausschnitt und den Armausschnitten (2½ cm vom Rand entfernt) je 1 Reihe hellrote Kettenstiche aufsticken. Auf das obere Anzugteil stickst du 3 hellrote Blüten auf. 2 hellrote Luftmaschenketten häkeln (je 7 cm lang), hinten am oberen Ausschnittrand annähen. Die Ärmel 1 cm breit nach außen umschlagen.

RINGELPONCHO MIT KAPUZE

Der Poncho wird in festen Maschen gehäkelt, zuerst in Reihen und dann in Runden. Diese werden aber hin- und zurückgehend gearbeitet, damit die Ringel gleichmäßig werden.

Die Runden beginnst du stets mit 1 Luftmasche und beendest sie mit 1 Kettenmasche. Für das Ringelmuster häkelst du abwechselnd 3 Reihen (oder Runden) in Weiß, 1 Runde in Dunkelrot, 1 Runde in Weiß und 1 Runde in Hellrot.
Maschenanschlag (weiß): 32 Luftmaschen und 1 Wendeluftmasche. 1. Reihe weiß; dann beginnt das dreifarbige Ringelmuster. Für die Schnittform müssen Maschen zugenommen werden: 7 Reihen arbeiten. Am Anfang und am Ende jeder Reihe 2 feste Maschen in ein Maschenglied häkeln. In der hinteren Mitte (zähle genau nach!) 3 feste Maschen in eine Einstichstelle arbeiten. In der 6. Reihe zusätzlich seitlich noch 3 feste Maschen in ein Maschenglied häkeln. Die 8. Reihe mit einer Kettenmasche zur Runde schließen, dabei die beiden Randmaschen zusammenhäkeln. In 8 Runden weiterarbeiten; in der vorderen und in der hinteren Mitte stets in ein volles Maschenglied 3 feste Maschen arbeiten. Seitlich werden in der 7. Runde noch einmal zusätzlich 3 Maschen in ein volles Maschenglied gearbeitet.
Den vorderen Schlitzrändern je

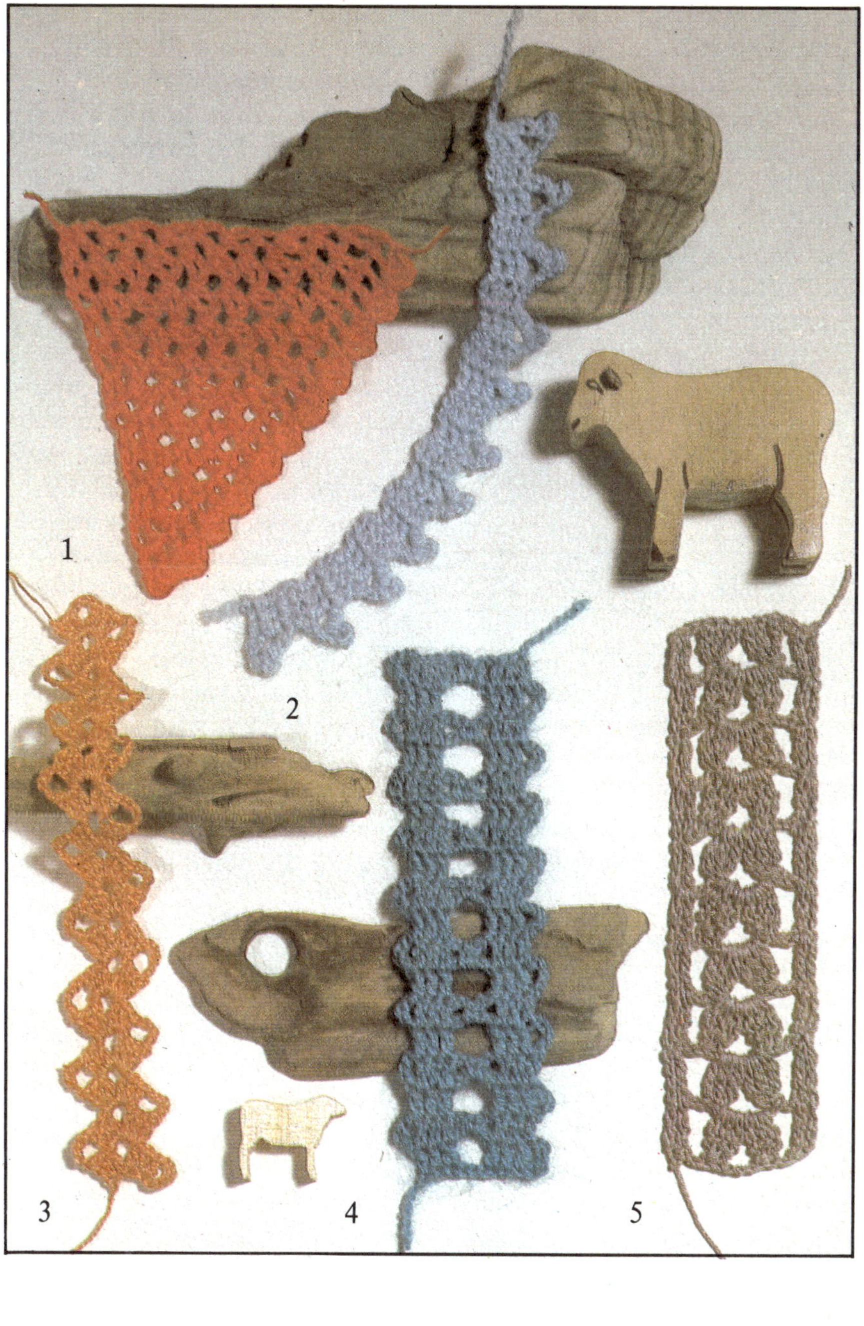

10 weiße Kettenstiche aufsticken. In jeden Stich 1 feste Masche häkeln (dunkelrot).
Die *Kapuze* wird mit 36 Luftmaschen und 1 Wendeluftmasche im dreifarbigen Ringelmuster in 18 Reihen gehäkelt. Die Kapuze in der hinteren Mitte zusammennähen und am Ausschnittrand des Ponchos festnähen. Aus dunkelrotem Wollgarn eine 26 cm lange Luftmaschenkette häkeln. Sie wird in den Ausschnitt eingezogen. Die Enden verknoten.

EINSÄTZE UND BÖRTCHEN

Die Musterbeispiele 1 bis 5, Seite 97, kannst du leicht nacharbeiten. Die Borten lassen sich beliebig verlängern.
Mit dem *Einsatz* (Abbildung 1) kannst du ein T-Shirt oder ein Sommerkleid schmücken. Besonders gut sieht er aus, wenn der Stoff dahinter ausgeschnitten wird – eine Arbeit, die ein wenig Übung erfordert, wenn es ordentlich aussehen soll.
Der Häkeleinsatz läßt sich nach Belieben auch vergrößern. Beginne mit 6 Luftmaschen, häkle in die zweite Luftmasche 1 Stäbchen. Dann folgt 1 Luftmasche. In die erste Luftmasche häkelst du 1 Stäbchen, 1 Luftmasche, 1 Stäbchen. Danach wendest du mit 4 Luftmaschen, stichst zwischen die beiden Stäbchen der Vorreihe 1 Stäbchen, dann folgen 1 Luftmasche und in die folgenden Luftmaschen der Vorreihe 1 Stäbchen, 1 Luftmasche, 1 Stäbchen. Am Ende stichst du wieder zwischen die 2 Stäbchen der Vorreihe 1 Stäbchen, 1 Luftmasche, 1 Stäbchen. Auf diese Weise erweitert sich der Einsatz links und rechts zu einem gleichseitigen Dreieck. In der vorletzten Reihe häkelst du im Wechsel 1 Stäbchen, 1 Luftmasche, wobei jedes Stäbchen in das Stäbchen der Vorreihe gestochen wird.
Die letzte Reihe schließt mit kleinen Zacken ab. Ein Zäckchen besteht aus 2 Luftmaschen, 2 Stäbchen, 1 festen Masche.
Abbildung 2 zeigt eine *schmale Borte* aus Stäbchenreihen (jeweils 3 Stäbchen), die an einer Seite mit 3 Luftmaschen, an der anderen Seite aber mit 2 Luftmaschen und 1 Öse (3 Luftmaschen, 1 feste Masche zurück in die 1. Luftmasche, 1 feste Masche) und noch einmal 2 Luftmaschen gewendet werden. Dadurch entsteht die leicht gerundete Form der Borte. Sie paßt deshalb gut als Abschluß an einen Kragen oder an einen gerundeten Saum.
Abbildung 3:
Anschlag: 4 Luftmaschen.
Jede Reihe beginnt mit 5 Wendeluftmaschen. Dann folgen 3 Stäbchen, 3 Luftmaschen, 3 Stäbchen. Die Stäbchen werden um die Luftmaschen gehäkelt.
Abbildung 4:
Anschlag: 9 Luftmaschen und 4 Wendeluftmaschen.
1. Reihe: 3 Stäbchen, 5 Luftmaschen, 3 Stäbchen, 4 Wendeluftmaschen.
2. Reihe: 3 Stäbchen, 2 Luftmaschen, 1 feste Masche, 2 Luftmaschen, 3 Stäbchen, 4 Wendeluftmaschen.
Die 1. und 2. Reihe werden fortlaufend wiederholt.
Abbildung 5:
Anschlag: 14 Luftmaschen.
Jede Reihe besteht aus 4 Wendeluftmaschen, 1 Doppelstäbchen, 2 Luftmaschen, 3 zusammen abgemaschte Doppelstäbchen, 5 Luftmaschen, 3 zusammen abgemaschte Doppelstäbchen, 2 Luftmaschen und 2 Doppelstäbchen.
Du kannst alle Borten auch mit feinem Garn probieren.

3. Kapitel

Stricken

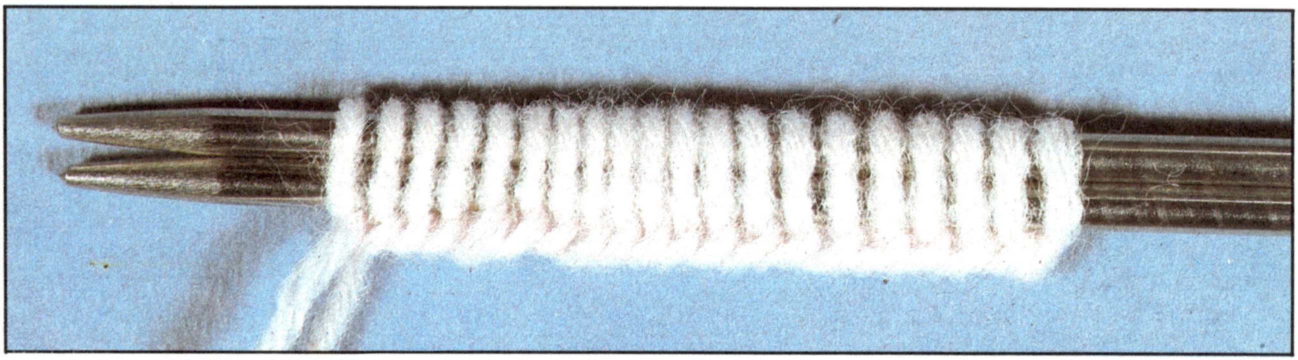

Auch Stricken ist eine uralte Handarbeitstechnik. Mit Stricknadeln und Faden ergibt sich ein fortgesetztes Ineinandergreifen von Schlingen und Maschen. Unzählige Strickmuster können so entstehen.
Heute gibt es hochmoderne Strickautomaten – trotzdem ist das Handstricken noch nicht aus der Mode gekommen.
Wir wollen dir in diesem Kapitel zeigen, wie gestrickt wird und was du als erstes stricken kannst. Hast du einige von unseren Vorschlägen „nachgestrickt“, wirst du dann auch Modelle aus Moden- und Handarbeitszeitschriften arbeiten können.
Eine Fingerübung fürs Stricken ist die Arbeit mit dem „Strickliesel“. Du weißt, wie man damit umgeht und wie lange es dauert, bis die gestrickte Schnur aus der unteren Öffnung des Strickliesels herausguckt. Strickrieselmaschen sehen genauso aus wie rechte Strickmaschen. Und die sollst du zuerst lernen.
Strickt man in hin- und hergehenden Reihen, heißt das *Flachstricken.* Wird mit 5 Stricknadeln oder mit einer Rundstricknadel fortlaufend in Runden gestrickt, nennt man die Technik *Rundstricken.* Es entsteht ein mehr oder weniger weiter gestrickter Schlauch.

MATERIAL UND ARBEITSMITTEL

Zum Stricken kannst du alle Arten von *Garn* nehmen: Wollgarn, Mischgarn, Baumwollgarn, Seiden- oder Leinengarn. Auch die Stärke des Fadens spielt keine Rolle.
Aber wie beim Häkeln brauchst du die zum Garn passenden *Nadeln.* Sind die Stricknadeln für das Garn zu dünn, wird die Strickarbeit fest und steif; verwendest du zu dicke Nadeln, wird die Strickerei locker und weich.
Für das *Flachstricken* in Reihen nimmt man 2 lange Nadeln aus Metall oder Kunststoff. Sie haben am hinteren Ende einen Knopf, damit die Maschen nicht wegrutschen können. Statt solcher langer Nadeln kannst du auch moderne Kunststoffnadeln nehmen. Deren Spitze besteht aus einem festen Material, der übrige Teil aus einem Kunststoffseil. Sie sind biegsam. Probiere, mit welcher Art Nadeln du am besten stricken kannst.
Zum *Rundstricken* größerer Gegenstände gehört die *Rundstricknadel.* An einem biegsamen Draht oder einem Kunststoffseil von unterschiedlicher Länge sind zwei Metall- oder Kunststoffspitzen zum Stricken befestigt. Kleinere Arbeiten, wie Müffchen, Strümpfe oder Mützen, werden mit einem *Nadelspiel* gestrickt. Zu einem „Spiel“ gehören 5 Nadeln aus Metall oder aus Kunststoff.
Auch Stricknadeln gibt es in unterschiedlichen Stärken. Auf den Garnverpackungen ist meist angegeben, welche *Nadelstärke* für das jeweilige Garn paßt.

MERKE: *Feine Garne: Nadelstärke 2 bis $2\frac{1}{2}$ mm. Mittelstarkes Wollgarn: Nadelstärke 3 bis $3\frac{1}{2}$ mm. Dickeres Wollgarn: 4 bis $4\frac{1}{2}$ mm. „Schnellstrickwolle“: 5 mm oder stärker.*

Beachtet werden muß außerdem, ob jemand fest oder locker strickt und ob das Gestrick fest oder lockerer werden soll.

MASCHENANSCHLAG

Für jede Strickarbeit braucht man zuallererst Maschen, und

zwar muß die Anzahl der Maschen der Breite der Arbeit entsprechen. Die Anzahl wird meist angegeben. Diese Anfangsmaschen heißen *Maschenanschlag.* Zum Üben nimmst du etwas mittelstarkes Wollgarn und 2 Stricknadeln Nr. 3. So wird es gemacht: Laß ein etwa 1 m langes Fadenende hängen. Die Länge des Fadenendes kann man berechnen: Für 10 Maschen braucht man 20 bis 25 cm Fadenlänge. Berechne lieber etwas mehr. Das Fadenende läßt du rechts von dir hängen und legst den Faden von vorn nach hinten um den Daumen der linken Hand (sieh dir die Abbildung an). Hole mit dem linken Zeigefinger den Faden, der zum Knäuel führt, unter dem Fadenende durch. Die Fäden kreuzen sich. Diesen Faden und das Fadenende führst du zwischen Ringfinger und kleinem Finger nach hinten und hältst sie fest. Nimm 2 Stricknadeln (zum Üben genügen kurze aus dem „Spiel") in die rechte Hand und führe sie von unten nach oben durch die Schlinge am Daumen. Hole den vom Zeigefinger kommenden Faden durch die Schlinge hindurch. Dabei läßt du den Faden vom

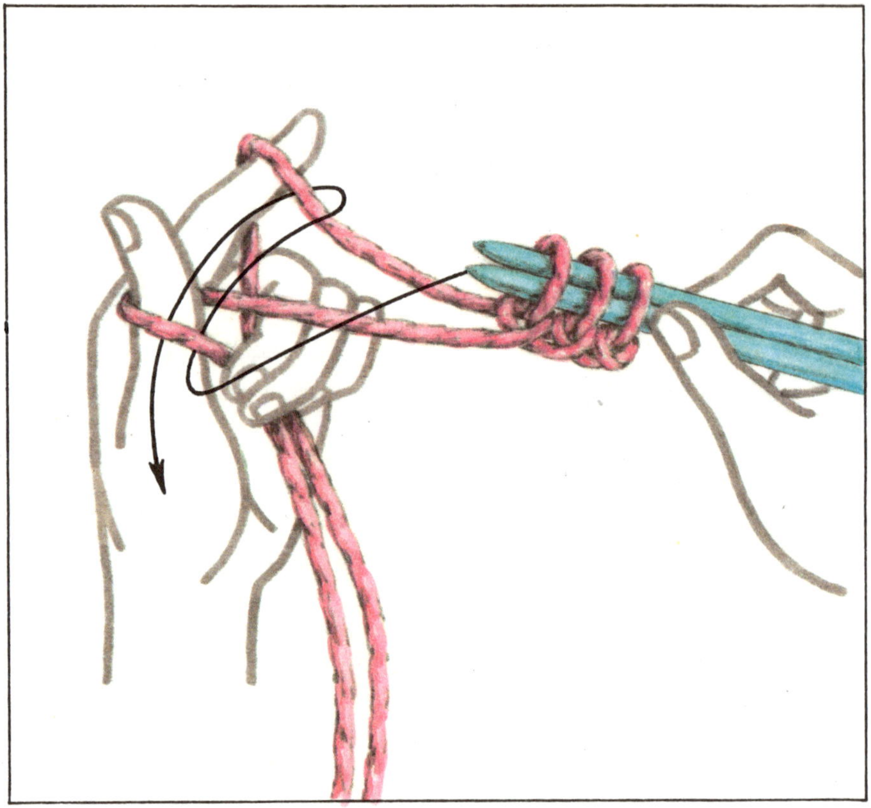

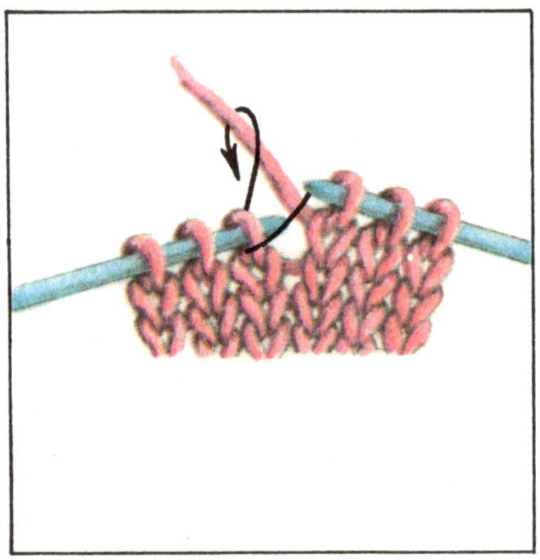

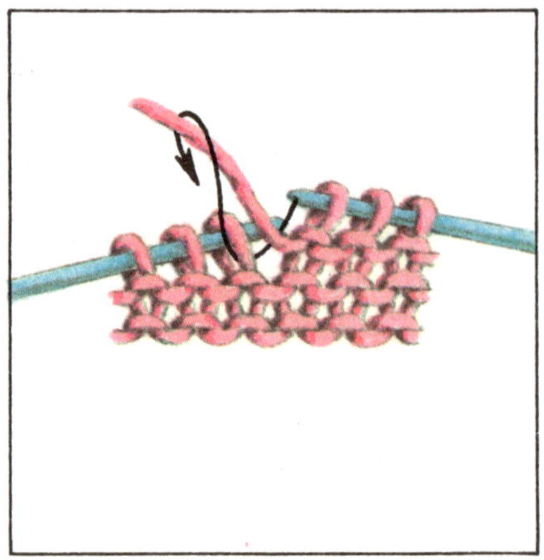

Daumen gleiten und ziehst die erste Schlinge fest auf die Nadeln. Nimm mit dem linken Daumen den Faden wieder von hinten nach vorn auf und ziehe die Stricknadeln nach vorn. Es entsteht wieder eine Fadenkreuzung. Stich mit den Nadeln von unten nach oben durch die Schlinge am Daumen, hole den Faden, der vom Zeigefinger her kommt. Ziehe ihn durch die Schlinge und laß den Faden dabei vom Daumen gleiten. Straffziehen. Das ganze wiederholst du, bis 20 Maschen auf der Nadel sind.

Ist der Maschenanschlag gelungen, kannst du mit dem Stricken beginnen. Wenn nicht, probierst du es wieder. Vielleicht kann es dir auch jemand aus deiner Familie noch einmal zeigen.

ERSTE STRICKÜBUNGEN – RECHTE MASCHEN

Du hast 20 gleichmäßige Maschen auf den beiden Anschlagnadeln. Ziehe 1 Nadel *vorsichtig* heraus. Arbeite langsam, damit die Maschen nicht von der Nadel purzeln. Jetzt zeigen wir dir, wie du die Nadeln halten und führen mußt, damit Strickmaschen entstehen.

Nimm die Nadel mit dem Maschenanschlag in die linke Hand. Das Fadenende bleibt hängen. Den Faden, der vom Knäuel kommt, schlingst du zweimal um den linken Zeigefinger. Führe ihn über die Innenhand und zwischen Ring- und kleinem Finger wieder nach hinten. Mit linkem Daumen und Zeigefinger hältst du die Nadel dicht hinter der ersten (rechtsliegenden) Masche fest. Nimm die 2. Nadel zwischen Daumen und Zeigefinger der rechten Hand. Die Nadel ruht in der Innenhand. Nun beginnst du die *Hinreihe* zu stricken. Die 1. Masche wird abgehoben: Stich von rechts in die 1. Masche ein. Lege den Arbeitsfaden (der vom Knäuel kommt) hinter die linke Stricknadel. Ziehe das Fadenende noch einmal straff an. Stich bei der 2. und jeder weiteren Masche von links nach rechts durch die Schlinge, hole den Faden (↑ Pfeilrichtung auf Abbildung) und ziehe ihn durch die Masche hindurch. Er bildet die neue Masche auf der rechten Nadel. Die Schlinge auf der linken Nadel läßt du einfach heruntergleiten.

Noch einmal: Stich von links nach rechts durch die nächste Masche, hole den Faden, ziehe durch, laß die Schlinge von der linken Nadel gleiten. Ziehe zwischendurch den Arbeitsfaden etwas an. Versuche die restlichen Maschen von der Nadel abzustricken. Wende die Arbeit. In der linken Hand hältst du wieder die Nadel mit den Maschen, die Nadel in der rechten Hand ist leer. Jetzt strickst du die *Rückreihe.* Die 1. Masche hebst du ab, alle anderen werden gestrickt.

Die Maschen, die du bis jetzt gestrickt hast, heißen *rechte Maschen* (↑ Abb. Seite 102, unten links, und Abb. 5, Seite 104, und 126).

MERKE: *Auf der Rückseite der Arbeit ergeben die rechts gestrickten Maschen linke Maschen.*

Strickst du in den Hinreihen und in den Rückreihen nur rechte Maschen, dann sieht das Maschenbild so aus wie bei Abbildung 1, Seite 104: Eine Reihe erscheint als rechte, die nächste als linke Maschen. Diese Strickart heißt *Rippenmuster* oder Waschlappenmuster.

Übe nun noch ein paar Reihen rechte Maschen. Morgen arbeitest du weiter. Hast du etwa 40 Reihen gestrickt, das sind 20 Rippen, reicht das Probestück zu einem Topflappen für die Puppenküche. Aber: nicht einfach die Nadeln herausziehen! Sie müssen abgekettet werden.

ABKETTEN

Hebe die „Randmasche", die 1. Masche, wie beim Stricken ab. Stricke die 2. Masche und hebe die Randmasche mit der linken Nadel über die 2. Masche und über die rechte Nadelspitze hinweg. Nur die Schlinge der gestrickten 2. Masche bleibt auf der rechten Nadel. Stricke die 3. Masche ab. Hebe mit der linken Nadel die 2. Masche über die 3. Masche. Stricke die 4. Masche ab, hebe die 3. Masche über die 4. Masche. So arbeitest du weiter, bis nur noch 1 Masche übrig ist (↑ Abb. 2).
Die Abbildung 3 zeigt das Abketten mit der Häkelnadel. Schneide nun den Arbeitsfaden ab und ziehe ihn durch die letzte Masche hindurch. Verstich den Faden oder häkle mit ihm gleich ein paar Luftmaschen als Topflappenhenkel. Wenn du magst, kannst du den Topflappen auch mit Mäusezähnchen (↑ Seite 55) umhäkeln.

In den folgenden Abschnitten erklären wir weitere Maschenarten und beschreiben, wie du beim Flachstricken abnehmen und zunehmen kannst. Du brauchst das nicht alles auf einmal zu lernen, sondern kannst hier nachschlagen, wenn du beim Stricken eines Modells Fragen hast.
Unbedingt lernen solltest du das Stricken von linken Maschen, damit du auch Muster und Ränder stricken kannst.

LINKE MASCHEN

Schlage zum Üben 20 Maschen an, ziehe die zweite Nadel heraus. Der Maschenanschlag befindet sich auf der Nadel in deiner linken Hand. Hebe die 1. Masche ab. Der Arbeitsfaden bleibt *vor* der Nadel liegen. Führe die rechte Nadel hinter dem Faden von rechts nach links in die 2. Masche, hole den Faden (↑ Pfeil auf der Abb. Seite 102, unten rechts, und Abb. 4, Seite 104, und Seite 126) durch die Masche und lasse die Schlinge von der linken Nadel gleiten. Noch einmal: Faden liegt vor der linken Nadel. Hinter dem Faden in die nächste Masche einstechen, Faden holen, durchziehen, Schlinge gleitet von der linken Nadel. Stricke die Reihe linke Maschen zu Ende. Wenden. 1. Masche abheben und die Rückreihe auch in linken Maschen stricken. Übe möglichst noch ein bißchen. Nun sieh dir das Maschenbild an: Wieder erscheint das Rippenmuster.

☞ MERKE: *Linke Maschen ergeben auf der Rückseite rechte Maschen.*

GLATT RECHTS STRICKEN

Sieh dir die Abbildung 5 auf Seite 104 an. Hier erscheinen lauter rechte Maschen. Um dieses Maschenbild zu erreichen, strickst du 1 Reihe rechte Maschen, in der Rückreihe jedoch linke Maschen. So machst du es fortlaufend: *Hinreihe* rechts, *Rückreihe* links. Wenn du ein paar Reihen gestrickt hast, siehst du dir die Rückseite der Arbeit an: Dort erscheinen lauter linke Maschen – wenn alles richtig ist. An diesem Probestück kannst du feststellen, daß ein „glatt rechts" gestricktes Stück sich vom unteren Rand her zusammenrollt. Deshalb strickt man z.B. an glatt rechts gestrickten Pullovern unten erst einen gerippten Rand im Längsstreifenmuster.

☞ MERKE: *Die erste Reihe einer Strickarbeit nennt man Hinreihe. Die zweite Reihe heißt Rückreihe. Bei der Musterbeschreibung bekommen die Hinreihen ungerade Zahlen (1, 3, 5 ...). Die Rückreihen erhalten die geraden Zahlen (2, 4, 6 ...).*

ERSTE MUSTER

Längsstreifenmuster. Zum Üben Maschenanschlag = 20 Maschen. Randmasche abheben. Im Wechsel 2 Maschen rechts, 2 Maschen links stricken. Die letzte Masche rechts abstricken. Wenden. Randmasche abheben. 2 Maschen links, 2 Maschen rechts im Wechsel. Die rechten Maschen müssen übereinander liegen und die linken natürlich auch (↑ Abb. 1, Seite 106, links). Ein Längsstreifenmuster entsteht auch, wenn du abwechselnd 1 Masche rechts und 1 Masche links strickst. Auch hier müssen die rechten und die linken Maschen auf der Vorder- und der Rückseite übereinanderstehen (↑ Abb. 2, Seite 106).

Einfache Flächenmuster. Stricke abwechselnd 1 Masche rechts und 1 Masche links. Beim Wenden mußt du aber beachten, daß über der rechten Masche 1 linke und über der linken Masche 1 rechte Masche gestrickt wird. Dieses Muster heißt Perlmuster (↑ Abb. 3, Seite 106). Hübsch sieht es auch aus, wenn immer 2 rechte und 2 linke Maschen übereinanderstehen. Du strickst auch wieder im Wechsel 1 rechte und 1 linke Masche (↑ Abb. 4, Seite 106). Das kleine *Karomuster* strickst du so: 2 Maschen rechts, 2 Maschen links im Wechsel. In vier Reihen liegen immer die rechten und die linken Maschen übereinander. Dann wird das Muster versetzt. Jetzt kommen die beiden linken Maschen über die beiden rechten, und über die 2 linken Maschen strickst du 2 rechte Maschen. Nach vier Reihen wechselst du wieder (↑ Abb. 5, Seite 106).

Verschränkte Maschen. Rechte und auch linke Maschen kann man auch „verschränkt“ abstricken. Probiere es. Am besten beginnst du mit einem Maschenanschlag von 20 Maschen.

Bei der *rechts verschränkten Masche* (↑ Abb. 1, oben rechts, und Seite 126) mit der rechten Nadel hinter der linken Nadel von rechts nach links in die Masche einstechen und den Faden holen.

Die Rückreihe strickst du in *links verschränkten Maschen.* Das ist ein bißchen mühsam, aber du schaffst es! Lege den Arbeitsfaden *vor* die Nadel. Stich hinter der Nadel von links nach rechts in die Masche und hole den Faden durch. Die Abbildung 2 in der Mitte), zeigt links verschränkte Maschen.

SEITLICHE RÄNDER

Durch das Wenden bilden sich beim Flachstricken die seitlichen Ränder.

Wir haben dir schon den *„Kettenrand“* gezeigt:

Jede 1. Masche in der Reihe wird mit vorgelegtem Faden abgehoben. Du stichst die rechte Nadel von rechts nach links in die Masche ein. Die

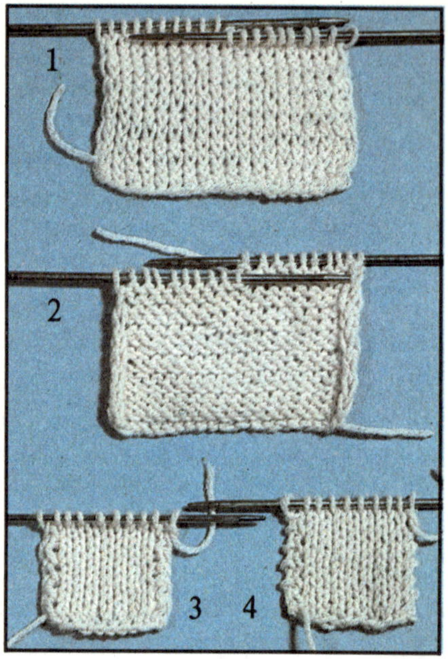

letzte Masche jeder Reihe wird rechts abgestrickt. Der Kettenrand ist locker und dehnt sich leicht (Abb. 3, oben).

Der *Knötchenrand* (Abb. 4, oben) ist fester als der Kettenrand. Du legst den Arbeitsfaden nach hinten und hebst die 1. Masche wie zum Rechtsstricken ab: Du stichst also von links nach rechts in die 1. Masche ein und hebst sie auf die rechte Nadel. Die letzte Masche in der Reihe wird wieder rechts abgestrickt. Den festen Knötchenrand strickt man an Teilen, die später zusammengenäht werden.

ABNEHMEN UND ZUNEHMEN

Willst du bestimmte Formen stricken, z.B. die Teile eines Pullovers, müssen Maschen abgenommen oder zugenommen werden: für die Armlöcher oder am Halsausschnitt. Man kann am Rand abnehmen oder zunehmen, aber auch innerhalb der Strickarbeit, im *Strickgrund* (↑ Abb. rechts).
Die Abbildung 1 zeigt *Abnehmestellen im Strickgrund.* Sie liegen schräg von links unten nach rechts oben. Bei jedem Abnehmen werden 2 Maschen zusammengestrickt. Stich von links nach rechts zuerst in die 2. und dann in die 1. Masche ein, hole den Faden und ziehe ihn durch beide Maschen. Abgenommen wird auf der rechten Seite. Die Rückseite wird links gestrickt.
Die Abbildung 2 zeigt auch Abnehmestellen im Strickgrund. Hier liegen sie aber schräg von rechts unten nach links oben. Dazu mußt du an jeder Abnehmestelle 2 Maschen „überzogen“ zusammenstricken: Hebe die 1. Masche wie zum Rechtsstricken ab, stricke die 2. Masche rechts und hebe mit der linken Nadel die abgeho-

bene Masche über die rechts abgestrickte und über die rechte Nadelspitze hinweg. Die Rückreihe wird links gestrickt.
Die Abbildung 3 zeigt das *Zunehmen im Strickgrund.* Aus 1 Masche werden 2 Maschen herausgestrickt: An der Zunehmestelle wird 1 Masche rechts abgestrickt. Die Schlinge bleibt aber noch auf der linken Nadel. Hole von hinten den Faden und ziehe ihn nach vorn rechts verschränkt durch die Schlinge. Jetzt erst läßt du die Schlinge von der linken Nadel gleiten (↑ Seite 126).
Die Abbildung 4 zeigt noch eine Möglichkeit, im Strickgrund zuzunehmen. An der Stelle, wo du zunehmen mußt, hebst du den Verbindungsfaden zwischen zwei Maschen auf die linke Nadel. Stricke diesen Faden rechts verschränkt ab. Dadurch entsteht eine zusätzliche Masche.
Die Abbildung 5 zeigt eine dritte Möglichkeit, Maschen im Strickgrund zuzunehmen: An der Zunehmestelle schlingst du den Faden um die rechte Nadel und strickst erst dann die nächste rechte Masche. In der Rückreihe strickst du den Umschlag als Masche ab. Dadurch entsteht ein kleines

Loch. Nimmst du auf diese Weise in gleichmäßiger Anordnung Maschen zu, entsteht eine Lochreihe (↑ Seite 126).
Die folgenden Abschnitte zeigen das *Abnehmen und Zunehmen an den Rändern* der Strickarbeit. Unsere Beispiele auf Seite 107 sind in Hinreihen und Rückreihen rechts gestrickt, im Rippenmuster.
Die 1. Musterprobe zeigt das gleichmäßige *Abnehmen* an der rechten Kante. Die Kante mit den Abnehmestellen verläuft von rechts unten schräg nach links oben. Beginne zum Üben mit einem Maschenanschlag von 20 Maschen. Am Ende jeder Rückreihe strickst du 2 Maschen rechts zusammen, bis alle Maschen aufgebraucht sind. Es entsteht ein Dreieck.
Die 2. Musterprobe zeigt, wie man gleichmäßig *zunehmen* kann. Beginne mit 2 Maschen. Stricke in jeder Rückreihe aus der letzten Masche 2 Maschen heraus. Die Zunehmestellen ergeben links eine schräge Kante. Es entsteht ebenfalls ein Dreieck.
Willst du ein *gleichseitiges Dreieck* stricken, fängst du ebenfalls mit 2 Maschen an, mußt aber am Ende jeder Hin-

und Rückreihe 1 Masche zunehmen. Oder du beginnst wieder mit 20 Maschen und strickst in jeder Hin- und Rückreihe die letzten beiden Maschen zusammen.
Nun erklären wir noch, wie du ein Dreieck strickst, das zum Kopftuch vergrößert werden kann (↑ Abb. 3, Seite 107). Beginne mit einer ungeraden Maschenzahl. Der Maschenanschlag bildet die beiden kurzen Seiten des Dreiecks. Zum Üben haben wir 45 Maschen angeschlagen. Stricke 20 Maschen rechts ab. Die 1. abgehobene Randmasche ist mitzuzählen. Stricke 2 Maschen „überzogen" zusammen. Die folgende Masche strickst du rechts. Es ist die „Mittelmasche". Stricke nun 2 Maschen rechts zusammen. Es folgen 18 Maschen rechts. Die restlichen beiden Maschen strickst du rechts zusammen. Die Rückreihe wird rechts, nur die Mittelmasche links gestrickt. Die letzten beiden Maschen strickst du rechts zusammen. Diese beiden Reihen werden wiederholt: die beiden Maschen vor der Mittelmasche überzogen zusammenstricken, 2 Maschen nach der Mittelmasche rechts zusammenstricken und jeweils die letzten beiden Maschen jeder Reihe auch rechts zusammenstricken. Hast du zum Schluß nur noch 3 Maschen übrig, hebst du die 1. Masche ab, die 2. und 3. strickst du zusammen und hebst die 1. Masche über die zusammengestrickten Maschen. Ziehe dann den Faden durch die letzte Masche auf der Nadel.

SCHULTER- ODER KOPFTUCH FÜR PUPPEN

Nach der beschriebenen Musterprobe errechnest du die Anzahl der Anfangsmaschen. Fertige dir zuerst einen *Schnitt aus Papier* an. Bedenke, daß du das Tuch auch zubinden mußt. Miß die Länge der beiden kurzen Seiten des Papierschnitts. Vergleiche sie mit der Länge der Musterprobe. Ziehe die Mittelmasche ab.
Beispiel: 2 Seitenlängen der Musterprobe = 11 cm (45 Maschen);
2 Seitenlängen des Kopftuchs = 20 cm (81 Maschen).
Denn: 45 Maschen (−Mittelmasche) = 44 Maschen; 44 : 11 = 4; 4 Maschen = 1 cm.
20 cm = 80 Maschen (+ 1 Mittelmasche).

AUFSTRICKEN VON MASCHEN

(↑Abb. 4, Seite 107). Aufgestrickt wird am Anfang der Reihe. Stich mit der rechten Nadel von links nach rechts durch die 1. Masche. Hole den Faden. Hebe die Schlinge auf die linke Nadel. Stich mit der rechten Nadel von links nach rechts durch diese neue Schlinge, hole den Faden, hebe die Schlinge wieder auf die linke Nadel. Jedesmal entsteht eine zusätzliche Masche. Probiere dieses Aufstricken noch ein paarmal.
Auf diese Weise kann man auch zu Beginn einer Strickarbeit die Maschen aufstricken. Man beginnt mit einer Masche und strickt so viele auf, wie gebraucht werden.

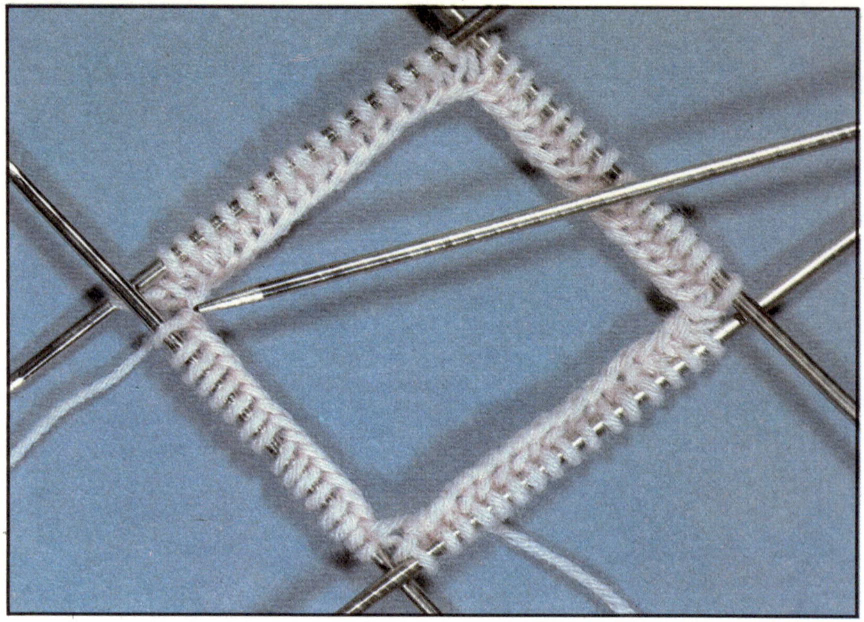

DAS RUNDSTRICKEN

Rundstricken kann man mit der Rundstricknadel oder mit einem Nadelspiel. Die Länge der Rundstricknadel richtet sich nach dem Umfang der Strickarbeit. Für eine Mütze sollte die Nadel nicht länger als 50 cm sein.
Rundstricken mit der Rundstricknadel. Diese Strickart ist sehr einfach. Du mußt dir aber zu Beginn die benötigte Maschenzahl errechnen.
Dafür brauchst du eine *Maschenprobe.*
Nimm für die Probe das Garn, das du für die geplante Strickarbeit verwendest. Stricke mit 20 Maschen 25 Reihen. Kette die Maschen ab. Stecke die Probe auf einer weichen Unterlage fest. Die Abbildung auf Seite 109 zeigt als Beispiel, wieviele Maschen 3 cm in der Höhe und in der Breite ergeben. Damit du es genau erkennen kannst, haben wir die betreffenden Maschen weiß markiert. Danach kannst du die für deine Arbeit benötigten Maschen errechnen.
Ein Beispiel: Die Strickarbeit soll einen Umfang von 60 cm haben. Bei der Maschenprobe ergeben 7 Maschen 3 cm in der Breite. Du brauchst also 20mal so viele Maschen:
20 × 7 Maschen
= 140 Maschen.
Ebenso berechnest du die Höhe.
Die Maschenprobe ist sehr wichtig, wenn du später etwas nach einem Schnitt stricken möchtest. Strickst du ein Muster, mußt du auch die

Maschenprobe im Muster stricken: Das heißt *Musterprobe. Maschenanschlag beim Rundstricken.* Du nimmst dazu 2 Nadeln, am besten die Rundstricknadel und eine Nadel aus dem Nadelspiel mit etwa gleicher Stärke. Hast du die erforderliche Maschenanzahl angeschlagen, ziehst du die kurze Nadel heraus. Lege die angeschlagenen Maschen in eine Richtung. Sie dürfen nicht verdreht sein. Schließe den Maschenanschlag zur Runde: Stricke die 1. Masche ab. Ziehe den Faden fest an. Nun kannst du fortlaufend weiterstricken. Überprüfe nach Beendigung der ersten Runde, daß die Arbeit bestimmt nicht verdreht ist, sonst mußt du alles wieder auftrennen.

Soll deine Arbeit auf der rechten Seite nur rechte Maschen haben, brauchst du immer nur rechte Maschen zu stricken. Rückreihen gibt es beim Rundstricken ja nicht. Strickst du aber ein Muster in Runden, mußt du beachten, daß die Runden nur aus „Hinreihen" bestehen. Sind bei einem Muster auch Rückreihen angegeben, mußt du diese beim Rundstricken entsprechend verändern.

☛ MERKE: *Rechte Maschen erscheinen auf der Rückseite als linke Maschen, linke aber erscheinen auf der Rückseite als rechte Maschen.*

Am besten ist, du probierst das Rundstricken zuerst nur mit rechten Maschen.

Rundstricken mit dem Nadelspiel. Strümpfe, Handschuhe, Puppenröckchen, auch manche engen Ärmel werden mit dem Nadelspiel gestrickt.

Maschenanschlag mit Nadelspiel. Nimm 2 Nadeln und schlage die Hälfte der erforderlichen Maschen + 2 Maschen an. Fortlaufend werden die übrigen benötigten Maschen mit der 3. und 4. Nadel angeschlagen. Zum Üben genügen insgesamt 40 Maschen. Du schlägst also mit den ersten beiden Nadeln 22 Maschen, mit den anderen beiden nur 18 Maschen an. Ziehe eine Nadel aus den zuerst angeschlagenen Maschen heraus. Lege die Nadeln mit dem Maschenanschlag so zusammen, daß die doppelte Nadel unten liegt. Stricke mit einer „freien" Nadel von den zuerst angeschlagenen 1 Masche ab. Ziehe den Faden fest an. Stricke weitere 11 Maschen ab. Nun nimmst du die andere freie Nadel und strickst die restlichen 10 Maschen ab. Ziehe aus dem zweiten Nadelpaar eine Nadel heraus und stricke mit dieser Nadel die folgenden 10 Maschen ab. Nun nimmst du die 5. Nadel zur Hand, strickst die restlichen 8 Maschen ab *und* die ersten beiden Maschen der neuen Runde. Zähle nach: Auf jeder Nadel liegen 10 Maschen. Prüfe, daß die Maschen nicht verdreht sind, sonst mußt du von vorn beginnen (↑ Abb.). Nun wird fleißig in Runden weitergestrickt. Die jeweils „freie" 5. Nadel wird immer zum Abstricken der nächsten Nadel benutzt. Am Ende jeder abgestrickten Nadel ziehst du den Faden schön fest an, sonst entstehen in der Strickarbeit häßliche Straßen, die fast wie Laufmaschen aussehen.

So, nun kannst du das Geübte anwenden.

SCHAL, SCHULTERTASCHE UND MÜTZE FÜR PUPPEN

Du brauchst dazu:
30 g rotes,
20 g weißes mittelstarkes Wollgarn,

1 Knopf,
2 Stricknadeln Nr. 3,
1 Häkelnadel Nr. 3.
Du mußt können:
rechte Maschen, zunehmen, abnehmen, feste Maschen und Luftmaschen.
Unsere Puppe ist 35 cm groß.
Der Schal aus rotem Wollgarn wird in Hin- und Rückreihen rechts gestrickt, also im Rippenmuster. Beginne mit 2 Anschlagmaschen. 1. Reihe: Stricke aus der 2. Anschlagmasche 2 Maschen heraus. Wende. In den folgenden Reihen strickst du aus jeder letzten Masche 2 Maschen heraus, bis du 15 Maschen auf der Nadel hast. Es entsteht ein Dreieck. Nun strickst du mit diesen 15 Maschen in hin- und hergehenden Reihen weiter bis zur gewünschten Länge (etwa 40 cm).
Beim Wenden strickst du den *Kettenrand*: Erste Masche abheben, letzte rechts stricken. Am Ende des Schals strickst du wieder eine Spitze: In jeder Reihe werden die beiden letzten Maschen rechts zusammengestrickt. Ist nur noch 1 Masche auf der Nadel, schneidest du den Faden etwa 30 cm lang ab und ziehst ihn durch die Masche. Mit den Fadenenden nähst du an den Spitzen je eine rot-weiße Quaste fest (↑ Seite 10).
Die Schultertasche aus weißem Wollgarn wird ebenfalls im Rippenmuster gestrickt. Maschenanschlag: 16 Maschen. Ist das Teil etwa 16 cm lang, strickst du eine Spitze wie beim Schal: Am Ende jeder Reihe werden 2 Maschen zusammengestrickt. Umhäkle das ganze Teil mit festen Maschen aus rotem Wollgarn. Beginne an einer Längsseite. An den Ecken mußt du 3 feste Maschen in eine Einstichstelle häkeln. Oben, genau an der Spitze, häkelst du zwischen 2 feste Maschen 4 Luftmaschen als Öse zum Knöpfen. Schlage nun das gerade Ende 6,5 cm um. Dadurch entsteht die Tasche. Du erkennst nun auch die Klappe. Die Tasche wird so zusammengehäkelt: Beginne rechts unten und häkle die eine Seite mit festen Maschen in Rot zusammen. Anschließend wird der Henkel aus Luftmaschen gehäkelt. Du schneidest also den Arbeitsfaden nicht ab. Wir haben für den Luftmaschenhenkel zusätzlich einen weißen Faden mit eingehäkelt. Er wird später unsichtbar verstochen. Ist der Henkel fertig (etwa 35 cm lang), häkelst du gleich die zweite Taschenseite von oben nach unten zusammen. Laß das Fadenende hängen und nähe damit die Quasten an. Schlage die Spitze als Taschenklappe über und nähe den Knopf an die richtige Stelle der Tasche. Rechts und links nähst du je eine Quaste an.
Die Mütze ist im zweifarbigen Rippenmuster gestrickt. Du mußt ein Rechteck stricken, etwa 30 cm lang und 11 cm breit. Beginne an der Schmalseite. Maschenanschlag: 24 Maschen mit rotem Wollgarn. Stricke 2 Reihen rechts. Lasse den roten Knäuel hängen. Stricke mit weißem Wollgarn 17 Maschen, wende und stricke die Rückreihe ebenfalls über 17 Maschen. So strickst du fortlaufend weiter: 2 Reihen rot (je 24 Maschen), 2 Reihen weiß (je 17 Maschen). Das Teil sollte etwa 30 cm lang sein. Probiere, ob er um den Kopf deiner Puppe herum paßt.
Beim Farbwechsel am Reihenanfang liegt der neue Faden immer vor dem bisherigen Faden. Die 1. Masche wird nicht abgehoben, sondern rechts abgestrickt.
Beim Wenden mit dem weißen Wollgarn den Faden nach

hinten legen und die 1. Masche abstricken.
Beim Wenden der roten Reihen letzte Masche rechts abstricken, 1. Masche abheben. Es entsteht der Kettenrand. Ist das Mützenteil lang genug, strickst du in der letzten roten Hinreihe 24 Maschen, wendest und kettest 7 Maschen ab. Die restlichen 17 Maschen werden rot abgestrickt. Nun strickst du noch 2 Reihen weiß und kettest ab. Mit dem Endfaden nähst du die Mütze zusammen (↑ Seite 141). Den oberen roten Streifen bindest du mit einer gehäkelten Luftmaschenschnur zusammen. An die Enden der Schnur nähst du je eine Quaste.

HUND UND KATZE

Du brauchst dazu:
Reste von dickem Wollgarn,
2 Stricknadeln Nr. 3½.

Du kannst dabei üben: Maschen anschlagen, rechte Maschen, Maschen abketten und aufstricken.
Beide Spieltiere sind im Rippenmuster gestrickt. *Den Hund* beginnst du am Hinterteil. Sieh dir den Schnitt auf dem Schnittbogen an. Maschenanschlag: 20 Maschen. Stricke 12 Reihen rechte Maschen. Kette am Anfang der 13. Reihe 5 Maschen ab. Die letzte Schlinge der abgeketteten Maschen hebst du auf die linke Nadel. Stricke – in dieser Schlinge beginnend – 2 Maschen auf. Dann strickst du die ganze Reihe rechts ab. Wende. Kette wieder 5 Maschen ab. Stricke – in der letzten Schlinge beginnend – wieder 2 Maschen auf. Du hast jetzt 14 Maschen auf der Nadel. Stricke 12 Reihen (= Bauch und Rücken). In der folgenden Reihe kettest du erst 2 Maschen ab und strickst 5 Maschen auf. Danach strickst du die Reihe, wendest, kettest 2 Maschen ab und strickst 5 Maschen auf. Du hast jetzt 20 Maschen auf der Nadel. Stricke 12 Reihen (= Vorderpfoten). Kette in der 13. und 14. Reihe je 5 Maschen ab. Stricke über 10 Maschen 10 Reihen (= Kopf). Kette alle Maschen ab. Für die Ohren nimmst du dünneres Wollgarn. Beginne mit 3 Maschen. Nimm in der 3. und 4. Reihe am Anfang und am Ende je 1 Masche zu. Stricke 22 Reihen rechte Maschen. In den folgenden beiden Reihen nimmst du am Anfang und am Ende je 1 Masche ab. Danach strickst du noch 1 Reihe rechte Maschen und kettest die restlichen 3 Maschen ab. Für den Schwanz häkelst du eine 5 cm lange Luftmaschenkette.
Mit dem *Zusammennähen* beginnst du an den Hinterpfoten. Rolle das hintere Teil zusammen. Ziehe beim Nähen den Faden recht straff. Dadurch bekommen die Beine Halt. Die Naht führst du über den Bauch und beide Vorderpfoten. Zum Schluß rollst du den Kopf zusammen. Das „Ohrteil" legst du über den Kopf und nähst es in der Mitte fest. Mit ein paar Stichen fügst du das Schwänzchen an. Augen und Schnäuzchen stickst du auf.
Die Katze (↑ Schnittbogen) beginnst du an einer Längsseite. Dadurch entsteht der schöne Katzenbuckel. Maschenanschlag: 30 Maschen. Stricke 8 Reihen rechte Maschen. Kette in der 9. Reihe 8 Maschen ab. Hebe die letzte Schlinge auf die linke Nadel und stricke – in dieser Schlinge beginnend – 8 Maschen auf (↑ Abb. Seite 107 und 114). Stricke die Reihe rechts zu Ende. Wende. Kette wieder 8 Maschen ab und stricke anschließend 8 Maschen auf. Stricke 8 Reihen und kette dann alle Maschen ab. Der Katzenkörper samt den Beinen ist fertig. Für den Kopf schlägst du 10 Maschen an und strickst 16 Reihen rechte Maschen. Danach abketten. Rolle den Katzenkörper mit den angestrickten Beinen von beiden Seiten aus nach innen ein. Nähe Beine und Bauch so zusammen, daß der Katzenbuckel entsteht. Das viereckige Kopfteil schlägst du übereck zusammen, nähst die Seiten aufeinander, bis auf die äußeren Ecken: die Ohren. Binde diese Ohrzipfel mit einem Faden fest ab, wie es die Abbildung Seite 114 zeigt. Gesicht und Barthaare sticken. Eine Luftmaschenkette von 16 Luftmaschen für den Schwanz doppelt legen und an beiden Längsseiten mit festen Stichen zusammennähen und am Hinterteil annähen.

Die beiden Grundformen kannst du abwandeln:
Aus der Grundform für den Hund wird ein *Löwe*, wenn du statt der Ohren eine Lockenmähne anstickst und an das Schwanzende eine winzige Quaste annähst.
Bekommt die Grundform der Katze längere Vorderbeine und kurze Hinterbeine, dazu einen zusammengerollten Streifen im Rippenmuster als Hals mit Kopf, entsteht eine *Giraffe*. Sieh dir die beiden Grundformen an und überlege, welche Tiere du noch danach stricken könntest – wenn du magst. Die Grundformen auf dem Schnittbogen entsprechen etwa der Originalgröße unserer Tiere.

ROCK UND HOSE FÜR MAXI UND MÄXCHEN

Du brauchst dazu:
Reste von rotem und blauem mittelstarkem Wollgarn,
1 Nadelspiel Nr. 3.
Wir üben rundstricken, glatt rechts stricken und das elastische Längsstreifenmuster.
Maxi und Mäxchen sind 16 cm groß.
Den *Rock* beginnst du oben am Bund. Maschenanschlag: 40 Maschen. Verteile sie gleichmäßig auf 4 Nadeln (↑ Seite 110). Stricke 6 Runden im Längsstreifenmuster:
1 Masche rechts, 1 Masche links im Wechsel (↑ Abb. 2, Seite 106).
Danach strickst du 10 Runden glatt rechts. Das Röckchen soll etwa 3,5 cm lang sein. Kette alle Maschen ab. Arbeite dabei nicht zu straff. Für die Träger häkelst du, jeweils von der hinteren Mitte aus, zwei 20 cm lange Luftmaschenketten. Ziehe sie vorn in der Mitte, ½ cm voneinander entfernt, mit der Häkelnadel durch je eine Masche im Bund. Binde die Träger zur Schleife. In die Enden knüpft du einen festen Knoten. Fadenenden abschneiden.
Die lange *Hose* beginnst du genauso wie das Röckchen am oberen Rand. Maschenanschlag: 40 Maschen, verteilt auf vier Nadeln. Stricke nur im Längsstreifenmuster (1 Masche rechts, 1 Masche links). Nach 16 Runden (= 4 cm) wird die Arbeit für die Hosenbeine geteilt. Nimm die Maschen von 2 nebeneinanderliegenden Nadeln auf 2 Sicherheitsnadeln. Verteile die Maschen der anderen beiden Nadeln auf 4 Nadeln und stricke nun das erste Hosenbein in Runden weiter. Etwa 4 cm lang sollte es sein. Nimm die Maschen von den Sicherheitsnadeln gleichmäßig verteilt auf 4 Stricknadeln und stricke das zweite Hosenbein. Häkle die Träger aus Luftmaschenketten hinten an und nähe die Enden in der vorderen Hosenmitte am oberen Rand fest. Prüfe, wie lang sie für deine Puppe sein müssen.
Das *Kopf- oder Schultertuch* (↑ Seite 109) brauchen wir nicht zu beschreiben. Richte dich nach der Musterprobe 3 auf Seite 107 (Zu- und Abnehmen). Wir haben es mit 61 Anschlagmaschen begonnen. Knüpfe an den beiden kurzen Seiten Fransen ein (↑ Seite 29).
Die blaue *Mütze* ist in Runden im Rippenmuster gestrickt. Maschenanschlag: 40 Maschen, gleichmäßig verteilt auf 4 Nadeln. Stricke in Runden etwa 4 cm und kette alle Maschen ab. Lege das Teil flach und nähe die obere Kante mit kleinen Stichen zusammen.

SCHLAFSACK FÜRS PUPPENBABY

Du brauchst dazu:
etwa 50 g mittelstarkes weißes Wollgarn,

2 Knöpfe,
1 Reißverschluß, 22 cm lang,
2 lange Stricknadeln Nr. 2.
Gestrickt wird in rechten und linken Maschen in verschiedenen Mustern: Träger im Rippenmuster, Bund im Streifenmuster und Schlafsackteil im versetzten Karomuster (↑ Abb. 5, Seite 106, links).

Unsere Babypuppe ist 36 cm groß.
Beginne am oberen Rand. Maschenanschlag: 60 Maschen. Stricke in hin- und hergehenden Reihen im Streifenmuster: 1 Masche rechts, 1 Masche links im Wechsel (↑ Abb. 2, Seite 106). Nach 12 Reihen ist der Bund breit genug. In der folgenden Rückreihe muß zugenommen werden. Immer nach 4 Maschen (1 rechts, 1 links) hebst du 1 Umschlag auf die Nadel. Greife dazu mit der rechten Nadel von hinten nach vorn um den Arbeitsfaden und lasse ihn als Umschlag auf der Nadel liegen. Stricke die nächsten 4 Maschen und bilde

wieder einen Umschlag. Der letzte Umschlag liegt vor den letzten 4 Maschen auf der Nadel. (Es müssen mit den Umschlägen 74 Maschen sein.) Jetzt beginnt das Karomuster: Nach der Randmasche strickst du 3 rechte Maschen, dann folgen im Wechsel 3 linke, 3 rechte, 3 linke Maschen. Die Umschläge werden wie eine Masche mit abgestrickt, aber *verschränkt.* Die Reihe endet mit 4 linken Maschen. In den folgenden 3 Reihen strickst du die Maschen so ab, wie sie erscheinen: rechte Maschen rechts, linke Maschen links. Danach versetzt du das Muster: Über die rechten Maschen strickst du linke, über die linken aber rechte Maschen. Nach etwa 17 Musterreihen (= 22 cm mit Bund) ist der Strampelsack lang genug. Kette alle Maschen ab. Lege das Teil so zusammen, daß die beiden Längskanten in der vorderen Mitte aneinanderstoßen. Die untere Querkante nähst du mit feinen Stichen zusammen. Vorn wird der Reißverschluß eingenäht. Nähe die vorderen Kanten mit kleinen Rückstichen sorgfältig auf das Reißverschlußband. Beachte, daß die Karos genau gegenüberliegen.

Stricke in der hinteren Mitte am Bund 2 *Träger* an. Nimm für einen Träger 6 Maschen auf und arbeite im Rippenmuster (nur rechte Maschen) in hin- und hergehenden Reihen. Achte auf gleichmäßige Randmaschen. Ist der Träger lang genug, kette ab und schneide den Endfaden so lang ab, daß du mit ihm die Knöpföse arbeiten kannst. Die Knöpfe an die obere Bundkante nähen.

BABYHÄUBCHEN UND BABYJÄCKCHEN

Du brauchst dazu:
60 bis 70 g mittelstarkes Wollgarn,

1 kurze Rundstricknadel Nr. 3, 2 Nadeln aus dem Nadelspiel Nr. 3, 1 Häkelnadel Nr. 2½.

Gestrickt wird in hin- und hergehenden Reihen, glatt rechts, die Bündchen im Längsstreifenmuster, Zierkanten im Lochmuster, mit linken und rechten Maschen.

Wir haben Häubchen und Jäckchen mit der Rundstricknadel in Reihen gearbeitet. Sie ist für solche kleinen Arbeiten handlicher als die langen Nadeln.

Das *Häubchen* beginnst du an der vorderen Kante. Maschenanschlag: 54 Maschen.

Zierkante:

4 Reihen rechte Maschen,
1 Reihe linke Maschen,
1 Lochreihe. In der Lochreihe strickst du erst 2 Maschen rechts und dann im Wechsel nimmst du 1 Umschlag auf und strickst danach 2 Maschen rechts zusammen. Auf diese Lochreihe folgen:
1 Reihe linke Maschen (die Umschläge aus der Lochreihe auch links abstricken),
5 Reihen rechte Maschen,
1 Reihe linke Maschen.

Stricke nun obenauf rechts weiter, also 1 Reihe rechts, 1 Reihe links. Nach 18 Reihen teilst du die Arbeit in 3mal 18 Maschen. Stricke 35 Maschen rechts. Die folgenden 2 Maschen strickst du überzogen zusammen (1 Masche abheben, 1 Masche rechts, die abgehobene über die gestrickte Masche ziehen). Wende die Arbeit. Hebe 1 Masche mit nach vorn gelegtem Faden ab, stricke 16 Maschen links und die beiden folgenden links zusammen. Wende wieder. Hebe die 1. Masche wie zum Rechtsstricken mit nach hinten gelegtem Faden ab, stricke 16 Maschen und die folgenden 2 Maschen überzogen zusammen. Wieder wenden. So strickst du fortlaufend hin und her weiter, bis alle Maschen von beiden Seiten aufgebraucht sind. In der Mitte hast du immer die gleiche Maschenanzahl, nämlich 18 Maschen. Diese kettest du am Schluß ab. Du erkennst die Häubchenform. Diese Art zu stricken nennt man *„ein Käppchen stricken“*. Man muß es können, wenn man eine Strumpfferse stricken möchte (↑ Seite 134).

An die untere Kante des Häubchens häkelst du 1 Reihe feste Maschen. Wende mit 3 Luftmaschen und häkle dann im Wechsel 1 Stäbchen, 1 Luftmasche. Beende die Reihe mit 1 Stäbchen. Verstich die Fäden. Durch die gehäkelten Löcher ziehst du eine gedrehte oder gehäkelte Schnur.

Ist dir das Häubchen gut gelungen, solltest du gleich das Jäckchen probieren.

Das *Jäckchen* wird am Halsloch begonnen. Maschenanschlag: 33 Maschen. Du arbeitest wieder mit der kleinen Rundnadel. Zuerst wird der *Koller* (die runde Passe) in hin- und hergehenden Reihen gestrickt. Er besteht aus 3 Lochkanten. Die runde Form entsteht durch das Zunehmen. Wir haben in der Tabelle genau angegeben, wie die Reihen zu stricken sind. In der mittleren Spalte wird die angegebene Maschenfolge über die ganze Reihe wiederholt.

Du hast also 33 Anschlagmaschen auf der Nadel.

Das Stricken beginnt mit der Rückreihe. Nach 27 Reihen ist die runde Passe fertig. Durch das Zunehmen in der 10. und in der 23. Reihe hast du so viele Maschen auf der Nadel, daß sich das Teil gut über die Schultern legt. An den Koller werden Ärmel und Rumpfteil angestrickt.

Du hast 123 Maschen auf der

REIHE	REIHEN-ANFANG	WIEDERHOLUNG	REIHEN-ENDE
1.R.	1.M. abheben	linke Maschen (Rückreihe!)	
2.R.	1.M. abheben, 1 M. rechts	1 Umschlag, 2 M. rechts zusammen	1 M. rechts
3.R.	1.M. abheben	alle Maschen, auch die Umschläge links	
4.–8.R.	1.M. abheben	alle Maschen rechts	
9.R.	1.M. abheben, 1 M. links	1 Umschlag, 1 M. links	1 M. links
10.R.	1.M. abheben	alle Maschen, auch die Umschläge rechts	
11.–14.	1 M. abheben	alle Maschen rechts	
15.R.	1 M. abheben	alle Maschen links	
16.R.	1.M. abheben, 1 M. rechts	1 Umschlag, 2 M. rechts zusammen	1 M. rechts
17.R.	1.M. abheben	alle Maschen, auch die Umschläge links	
18.–22.	1.M. abheben	alle Maschen rechts	
23.R.	1.M. abheben, 1 M. links	1 Umschlag, 1 M. links	1 M. links
24.R.	1 M. abheben	alle Maschen rechts, Umschläge rechts verschränkt	
25.R.	1.M. abheben	alle Maschen links	
26.R.	1.M. abheben	alle Maschen rechts	
27.R.	1.M. abheben	alle Maschen links	

Nadel (Zähle nach!). Teile sie in 5 Teile auf:
Vom linken und rechten Rand aus je 18 Maschen für die Vorderteile, dann je 26 Maschen für die Ärmel und in der Mitte 35 Maschen für das Rückenteil. Ärmel und Rumpfteil müssen getrennt gestrickt werden.
Beginne mit dem *linken Ärmel.* Zuerst hebst du 18 Maschen mit der Rundstricknadel ab (= linkes Vorderteil). Mit einer kleinen Stricknadel strickst du mit 26 Maschen den Ärmel glatt rechts, also 1 Reihe rechts, Rückreihe links. Vergiß nicht, nach 26 Maschen zu wenden. Stricke die Rückreihe mit der 2. Nadel ab. Die übrigen Maschen bleiben auf der Rundnadel einfach liegen. Vom letzten Rippenrand des Kollers aus gemessen ist der Ärmel etwa 7 cm lang. Nun strickst du in der nächsten Reihe an 7 gleichmäßig verteilten Stellen je 2 Maschen zusammen ab. Der Ärmel soll unten eng anliegen. Stricke dann das Bündchen im Streifenmuster (1 Masche rechts, 1 links). Nach 6 bis 8 Reihen kettest du alle Ärmelmaschen ab.
Stricke den *zweiten Ärmel.* Hebe zuerst die folgenden 35 Maschen auf die linke Seite der Rundnadel (= Rückenteil). Stricke mit den beiden kleinen Nadeln über 26 Maschen den zweiten Ärmel mit Bündchen. Vergiß nicht, vor dem Bündchen abzunehmen. Danach hebst du die restlichen 18 Maschen mit der Rundnadel

ab, alle Maschen liegen nebeneinander. Stülpe die Ärmel nach innen, sonst stören sie dich beim Stricken.
Stricke nun in hin- und hergehenden Reihen das *Rumpfteil* im Zusammenhang (rechte Seite: rechte Maschen, linke Seite: linke Maschen). Vom unteren Rand des Kollers sollte das Rumpfteil etwa 7 cm lang sein. Als Abschluß strickst du noch einmal die Zierkante:
4 Reihen rechte Maschen,
1 Reihe linke Maschen,
1 Lochreihe (= 1 Umschlag, 2 Maschen rechts zusammenstricken),
1 Reihe linke Maschen (Umschläge mit abstricken),
4 Reihen rechte Maschen.
Alle Maschen abketten.
Das Jäckchen ist fertig. Nähe die Ärmel auf der linken Seite zusammen, stülpe sie nach rechts. Umhäkle die Kanten. Beginne am unteren Ende der rechten Vorderkante. Häkle feste Maschen. Um den Halsausschnitt häkelst du fortlaufend Mäusezähnchen (↑ Seite 55). Die linke Vorderkante umhäkelst du mit festen Maschen. Fäden verstechen. Drehe eine 60 cm lange Kordel, ziehe sie durch die obere Lochreihe, verknote die Enden.
Schneide die Fäden so lang ab, daß sie eine kleine Quaste bilden.

HOSE FÜR DEN PUPPENJUNGEN

Du brauchst dazu:
30 g mittelstarkes Wollgarn,
1 Nadelspiel Nr. 2½,
20 cm Gummiband.
Die Hose ist wie Mäxchens Rippenhose gearbeitet (↑ Seite 117). Sie hat aber einen Durchzug für das Gummiband und wird glatt rechts gestrickt. Nur das Bündchen hat ein Längsstreifenmuster.
Unsere Puppe ist 35 cm groß.
Doppelter Zackenrand für den Gummizug. Maschenanschlag: 48 Maschen. Stricke 4 Reihen obenauf rechts (Hinreihe rechts, Rückreihe links). Dann folgt

1 Lochreihe: Stricke im Wechsel 2 Maschen rechts zusammen und lege danach den Faden als Umschlag um die Nadel. In der Rückreihe strickst du Maschen und Umschläge links ab. Dadurch entstehen die Löcher (Abb. 1). Stricke danach wieder 4 Reihen oben auf rechts. Nimm die Glieder der Anschlagmaschen auf eine Nadel („Hilfsnadel"). Lege den gestrickten Streifen in der Lochreihe nach hinten um und stricke in der folgenden Reihe immer eine Masche der Vorreihe mit einer Anschlagmasche zusammen (↑ Abb. 2). Kommst du damit nicht zurecht, nähst du den Zackenrand ganz zum Schluß mit Handstichen an. So einen Zackenrand kann man auch als Rand am Pullover (↑ Westover, Seite 131) oder als Kniestrumpfrand stricken. Er kann auch breiter gearbeitet sein.
Für die Puppenhose genügt der beschriebene schmale Rand.
Verteile nun die Maschen gleichmäßig auf 4 Nadeln und stricke in Runden glatt rechts weiter. Nach etwa 9 cm Länge teilst du die Maschen für die Hosenbeine. Nimm die Maschen von 2 Nadeln auf 2 Sicherheitsnadeln, verteile die

übrigen Maschen auf 4 Nadeln. Achte darauf, daß der Arbeitsfaden in der Schrittmitte liegt. Stricke zuerst 2 zusätzliche Maschen (im Schritt) auf, und danach strickst du das Hosenbein in Runden weiter, etwa 8 cm lang. Probiere! Stricke dann ein etwa 2 cm breites Bündchen im Streifenmuster (1 Masche rechts, 1 Masche links). Kette die Maschen ab. Nimm die Maschen von den beiden Sicherheitsnadeln auf 4 Stricknadeln. Hole zuerst aus den Schlingen der beiden zusätzlich aufgestrickten Maschen ebenfalls 2 Maschen heraus und arbeite dann in Runden weiter wie beim ersten Hosenbein. Verstich die Fäden. Mit einer Sicherheitsnadel ziehst du das Gummiband durch den doppelten Zackenrand. Nähe die Bandenden fest zusammen.

PUPPENPONCHO

Du brauchst dazu:
40 bis 50 g starkes Wollgarn in zwei Farben,
1 Nadelspiel Nr. 3½,
1 Rundstricknadel Nr. 4, 50 cm lang.
Unsere Puppe ist 35 cm groß.

Gestrickt wird in Runden, obenauf rechte Maschen. Beginne am Halsausschnitt. Maschenanschlag: 40 Maschen. Verteile sie gleichmäßig auf 4 Nadeln (↑ Seite 110).
1. Runde: rechte Maschen.
2. Runde: Lochmuster. Stricke im Wechsel 2 Maschen rechts zusammen und schlage den Faden als Umschlag auf die Nadel.
3. Runde: rechte Maschen; die Umschläge mit abstricken. Nun muß zugenommen werden. Je Nadel strickst du 4 Maschen rechts, nimmst 1 Umschlag auf die Nadel; es folgen 2 Maschen rechts, 1 Umschlag, 4 Maschen rechts. In der folgenden Runde strickst du alle Maschen und die Umschläge rechts. Du hast jetzt auf jeder Nadel 2 Maschen mehr. Deshalb strickst du in der nächsten Runde 5 Maschen rechts, 1 Umschlag, 2 Maschen rechts, 1 Umschlag, 5 Maschen rechts. Die nächste Runde wieder nur rechte Maschen. In der folgenden Runde 6 Maschen rechts …
So setzt sich das Zunehmen fort. Achte nur darauf, daß zwischen den beiden Zunehmestellen in der Mitte jeder Nadel 2 rechte Maschen gestrickt werden. Hast du so viele

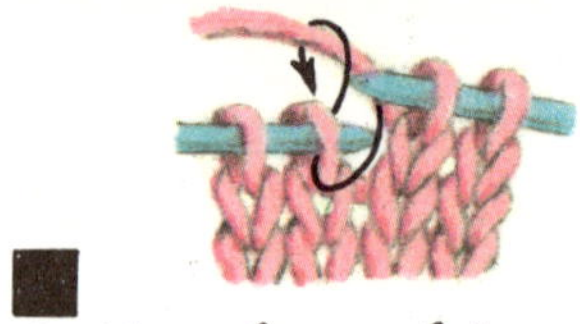

1 Masche rechts

1 Masche links

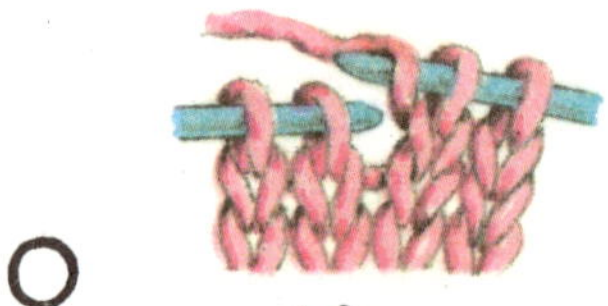

1 Umschlag

2 Maschen rechts zusammenstricken

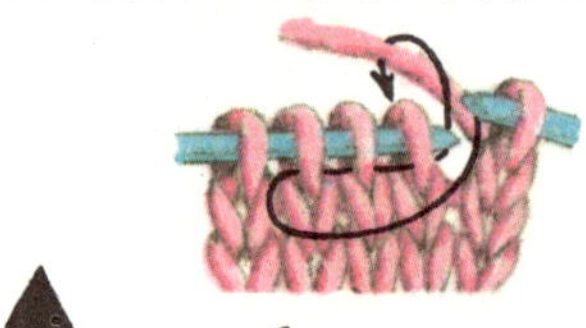

3 Maschen rechts zusammenstricken

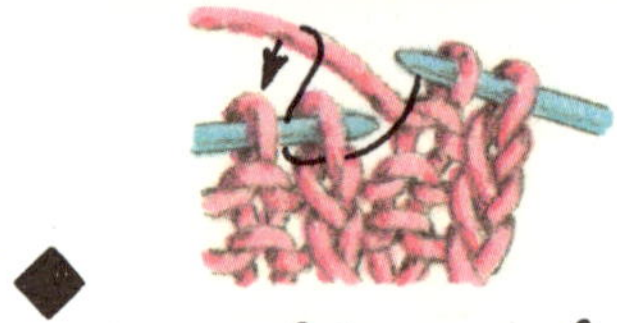

1 M. rechts verschränkt

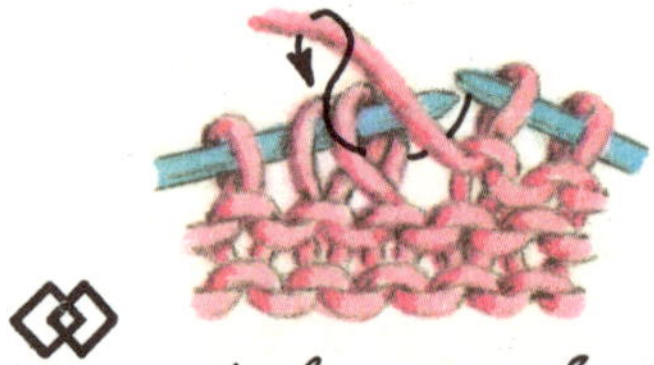

2 M. links verschränkt zusammenstricken

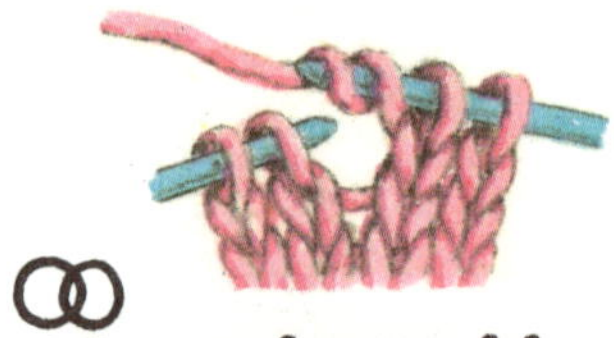

1 Doppelumschlag

2 Maschen links zusammenstricken

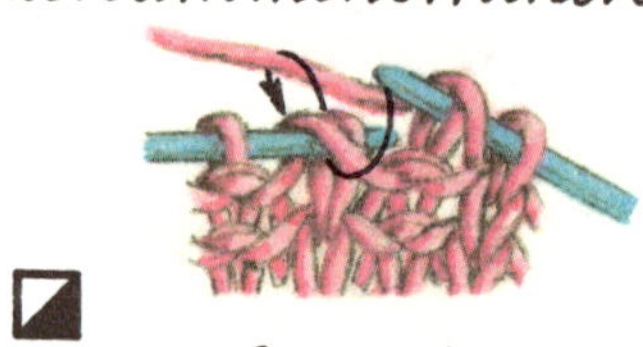

1 Masche mit Umschlag rechts zusammenstricken

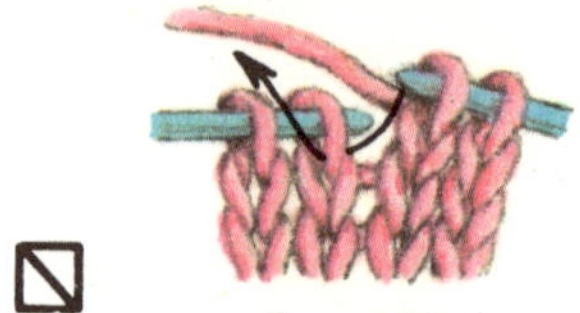

1 Masche mit hinterlegtem Faden wie zum Linksstricken abheben

1 Masche mit hinterlegtem Faden wie zum Rechtsstricken abheben

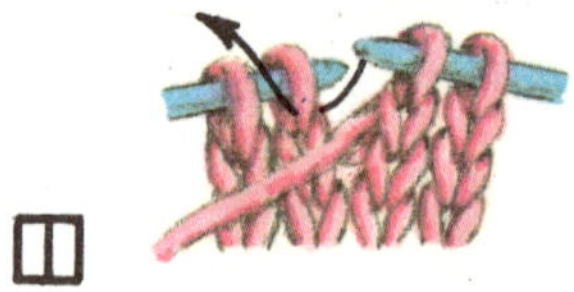

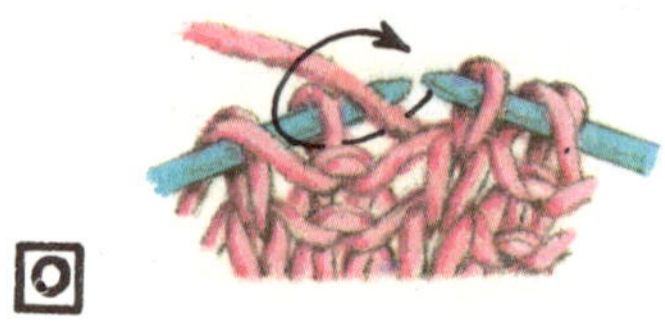

2 Maschen überzogen zusammenstricken

Maschen auf den Nadeln, daß die kurzen Nadeln nicht mehr ausreichen, strickst du alle Maschen auf die Rundnadel und arbeitest genauso weiter. Als Randabschluß strickst du 8 Runden in der zweiten Farbe. Dann noch 1 Runde (ohne zuzunehmen) in der ersten Farbe. Danach wird abgekettet. Stricke aber beim Abketten linke Maschen.
Die großen Maschen an der Kante sind aufgestickt. Wie du das machst, zeigt die Abbildung Seite 124. Du stichst mit einer dicken Stopfnadel von links nach rechts in ein Maschenglied ein, stichst 2 Reihen höher um eine Masche herum und wieder in den Ausgangspunkt zurück. Dann überspringst du eine Masche und wiederholst den Stich. Die zweite Zierstichreihe wird in der anderen Farbe gestickt. Mit diesem Garn drehst du auch eine Kordel und ziehst sie durch die Löcher am Halsausschnitt. Noch ein Hinweis: Hat deine Puppe einen recht großen Kopf, mußt du mehr Maschen anschlagen. Probiere am Anfang aus und erweitere die Maschenzahl um 2 oder 4 Maschen je Nadel. Nach unserer Beschreibung kannst du den Poncho in jeder Größe stricken, wenn du am Anfang die richtige Maschenanzahl angeschlagen hast.

PLISSEERÖCKCHEN

Du brauchst dazu:
30 bis 40 g Wollgarn,
3 kleine Knöpfe,
1 kurze Rundstricknadel Nr. 3,
2 Nadeln aus dem Spiel.
Unsere Puppe ist 35 cm groß.
Gestrickt werden rechte und linke Maschen in hin- und hergehenden Reihen.
Beginne am unteren Rockrand.
Maschenanschlag: 81 Maschen.
Stricke nach der Strickschrift der Abbildung unten.
Willst du ein Muster stricken, solltest du die *Strickschrift* lesen können. Wie beim Häkeln gibt es auch beim Stricken Zeichen für die Maschenarten (↑ Seite 126). Wir wollen es dir am Plisseemuster erklären. Es enthält nur rechte und linke Maschen und am Reihenanfang 1 Masche zum Abheben. Präge dir die Zeichen dafür ein. Auf Seite 130 zeigen wir noch ein schwierigeres Muster in Strickschrift. In der Strickschrift für das Röckchen sind die Maschen der Rückreihe so angegeben, wie du sie stricken mußt.
Du hast 81 Maschen angeschlagen. Hebe die 1. Masche ab und stricke im Wechsel 3 Maschen rechts, 1 Masche links. In der 2. Reihe (Rückreihe) 1 Masche abheben, 1 Masche rechts, 1 Masche links und dann weiter im Wechsel 3 Maschen rechts, 1 Masche links. Diese zwei Reihen werden fortlaufend gestrickt, bis das Röckchen 9 bis 10 cm lang ist. Vergleiche zwischendurch die Strickarbeit mit der Strickschrift.

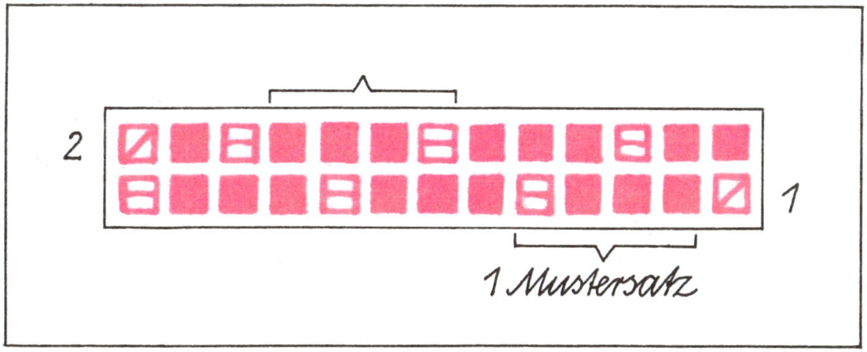

Dann folgt der Rockbund. Vorher aber muß abgenommen werden. Stricke dazu in der folgenden Hinreihe so: 1 Masche abheben, 1 Masche links und dann im Wechsel 1 Masche rechts, 3 Maschen links zusammenstricken. Du mußt 44 Maschen auf der Nadel haben. Stricke nun 2 cm im Streifenmuster (1 Masche rechts, 1 Masche links). Kette 16 Maschen ab. Stricke 12 Maschen rechts für den Latz, lasse sie auf der Nadel liegen. Kette die restlichen 16 Maschen ab. Faden etwas länger hängen lassen. Stricke nun über den 12 Maschen den Latz weiter. Beginne aber mit 1 Rückreihe. Nach 11 Reihen teilst du die Arbeit für die Träger. Stricke den ersten Träger über 6 Maschen, die anderen 6 Maschen nimmst du auf eine Sicherheitsnadel. Ist der Träger lang genug, strickst du ein *Knopfloch.* Hebe in der nächsten Hinreihe 1 Masche ab, stricke 3 Maschen rechts, hebe die 2. Masche über die 3. Masche, stricke wieder 1 Masche und hebe die vorhergehende Schlinge über diese Masche (2 Maschen wurden also abhoben). Die letzte Masche strickst du rechts. In der Rückreihe hebst du die 1. Masche ab, strickst 1 Masche rechts, legst den Arbeitsfaden zweimal um die Nadel und strickst die letzten beiden Maschen rechts. In der folgenden Reihe strickst du die beiden Umschläge rechts verschränkt ab. Dadurch entstehen wieder 2 Maschen (auf der Nadel müssen 6 liegen). Stricke noch eine Reihe rechts darüber. Dann strickst du an jedem Reihenende 2 Maschen rechts zusammen. Der Träger endet in einer Spitze. Stricke den zweiten Träger ebenso. Nähe das Rockteil von links mit kleinen Stichen von unten her bis zur Hälfte zusammen. Arbeite am oberen Rand mit dem hängengelassenen Faden eine Öse zum Knöpfen und nähe an die andere Schlitzseite einen Knopf. Neben Knopf und Öse nähst du je 1 Knopf zum Anknöpfen der Träger.

Das Röckchen kannst du auch größer stricken. Wichtig ist, daß die Maschenanzahl durch 4 teilbar ist, plus 1 Masche zum Abheben.

BLÜSCHEN IM LOCHMUSTER

Du brauchst dazu:
20 g feines Wollgarn,
3 kleine Knöpfe,
2 kurze Rundnadeln Nr. 2.
Gestrickt wird in hin- und hergehenden Reihen.
Unsere Puppe ist 30 cm groß. Sieh dir zuerst die *Strickschrift* genau an (↑ Abb. Seite 130). Präge dir die Zeichen für die Maschen ein. In dieser Musterschrift sind nur die Hinreihen angegeben. Alle Rückreihen werden durchgehend in linken Maschen gestrickt. Die 1. und die 3. Reihe werden fortlaufend wiederholt. Am besten ist, du probierst das Muster erst, bevor du mit dem Jäckchen beginnst. Schlage zur Übung 23 Maschen an (↑ Probe, Seite 130).
Das Jäckchen beginnst du am rechten *Ärmel.* Maschenanschlag: 23 Maschen. Stricke 8 Reihen als Bündchen im Streifenmuster: 1 Masche rechts, 1 Masche links im Wechsel. Dann strickst du nach der Strickschrift im Muster weiter. Zur Sicherheit erklären wir noch einmal die Reihen 1 bis 4. Diese 4 Reihen werden fortlaufend wiederholt. 1. Reihe: 1 Masche abheben, 2 Maschen

rechts, im Wechsel 2 Maschen rechts zusammenstricken, 1 Umschlag, 3 Maschen rechts. Den Mustersatz viermal wiederholen.
2. Reihe (Rückreihe): alle Maschen links.
3. Reihe: 1 Masche abheben, 2 Maschen rechts, im Wechsel 1 Umschlag, 2 Maschen überzogen zusammenstricken, 3 Maschen rechts. 4. Reihe: alle Maschen links.

Nach 12 Reihen nimmst du 2 Maschen zu: Stricke in einer Hinreihe und in einer Rückreihe jeweils aus der letzten Masche eine zweite Masche heraus.
Nach weiteren 6 Reihen strickst du auf jeder Seite zusätzlich 10 Maschen auf die Nadel. Du hast jetzt insgesamt 45 Maschen auf der Nadel. Stricke noch 12 Reihen im Muster. Nun wird das *rechte Vorderteil* für sich fertig gestrickt. Stricke in der nächsten Hinreihe 19 Maschen rechts und 2 Maschen rechts zusammen. Wende! Stricke in der Rückreihe linke Maschen. Nun folgen 8 Reihen im Muster. Kette die 20 Maschen ab.
Beginne das *linke Vorderteil.* Maschenanschlag: 20 Maschen. Stricke 13 Reihen im Muster und schneide den Arbeitsfaden ab. Nimm die Maschen auf eine Hilfsnadel und lege dieses Vorderteil erst einmal beiseite.
Stricke am *Rückenteil* 21 Reihen im Muster. In der 22. Reihe (Rückreihe) strickst du aus der letzten Masche eine zweite Masche heraus und strickst anschließend fortlaufend die Maschen des begonnenen linken Vorderteils von der Hilfsnadel ab, ebenfalls mit linken Maschen. Alle Maschen sind nun wieder auf einer Rundnadel. 45 müssen es sein. Zähle nach. Prüfe, ob auch die Muster an beiden Teilen gleichmäßig verlaufen. Stricke 10 Reihen im Muster. Kette in der folgenden Hinreihe 10 Maschen ab. Stricke die Reihe zu Ende. Kette in der Rückreihe zuerst wieder 10 Maschen ab. Nun hast du nur noch 25 Maschen für den *zweiten Ärmel* auf der Nadel. Stricke 6 Reihen im Muster. Am Ende der 7. und 8. Reihe strickst du je 2 Maschen zusammen.
Stricke dann noch 12 Reihen im Muster.
Für das *zweite Bündchen* strickst du 8 Reihen im Streifenmuster (1 Masche rechts, 1 Masche links). Kette alle Maschen ab. Umhäkle Vorderkanten und

Halsausschnitt und untere Kante mit festen Maschen. Oben am Halsausschnitt häkelst du je eine 17 cm lange Luftmaschenschnur zum Zubinden an. Am linken vorderen Rand nähst du die 3 Knöpfe auf je eine Lochreihe. Die letzten Löcher im rcchten vorderen Rand verwendest du als Knopflöcher. Probiere erst, ob sich die Knöpfe gut knöpfen lassen.

WESTOVER IM STREIFENMUSTER

Du brauchst dazu:
100 bis 120 g mittelstarkes Wollgarn, weiß,
50 bis 60 g rot,
50 bis 60 g blau,
2 Rundstricknadeln Nr. 3, etwa 70 cm lang.

Gestrickt wird in Runden obenauf rechts. Die Ränder sind im Streifenmuster gestrickt. Am Halsausschnitt wird der doppelte Zackenrand gearbeitet (↑ Seite 123). Das Zick-Zack-Muster ist aufgestickt.
Das Modell ist 42 cm lang und mißt ringsum 78 cm. Es paßt für Körperhöhe (KpH) 146. Du kannst den Westover auch vergrößern, brauchst dann aber mehr Wolle.
Musterprobe: 12 Maschen ergeben bei unserem Modell 5 cm in der Breite; 16 Reihen ergeben 5 cm in der Höhe.
Beginne am unteren Rand. Maschenanschlag:
176 Maschen. Stricke 12 Runden weiß im Streifenmuster (1 Masche rechts, 1 Masche links). Dann folgen 14 Runden obenauf rechts, ebenfalls weiß. Dann strickst du mit roter Wolle 18 Runden und anschließend 22 Runden blau (nur rechte Maschen). Mit weißer Wolle strickst du jetzt 13 Runden. In der 14. Runde kettest du für den Armausschnitt 8 Maschen ab, strickst 80 Maschen (Vorderteil), kettest wieder 8 Maschen ab (zweiter Armausschnitt) und strickst die restlichen 80 Maschen (Rükkenteil).

Nun mußt du *Vorderteil* und *Rückenteil* getrennt weiter stricken. Wir beginnen mit dem Rückenteil (80 Maschen). Die Maschen für das Vorderteil bleiben einfach auf der Nadel liegen.
Nimm die 2. Rundnadel und stricke mit rotem Wollgarn 18 Reihen obenauf rechts (Rückreihen = linke Maschen). Dann folgen 22 Reihen blau und 22 Reihen weiß (alle obenauf rechts). Im blauen und im weißen Streifen nimmst du jeweils in der 7. und in der 8. Runde am Ende 1 Masche zu, so daß du 84 Maschen auf der Nadel hast. Beim Wenden arbeitest du den Knötchenrand (↑ Seite 106 und Abb. 4, Seite 106).
In der 23. (weißen) Reihe kettest du für die erste *Schulter* 18 Maschen ab. Danach strickst du für das *Halsloch* über 48 Maschen den Zackenrand: im Wechsel 1 Umschlag, danach 2 Maschen rechts zusammenstricken.
Dann folgen die restlichen 18 Maschen rechts. In der Rückreihe werden diese 18 Maschen abgekettet (zweite Schulter). Die Maschen und Umschläge am Halsausschnitt strickst du sämtlich links ab.

Wenden. In der folgenden Hinreihe werden alle Maschen abgekettet. Stricke das Vorderteil genauso fertig. Nur beginnst du das Abketten für die erste Schulter schon in der 19. Reihe. Das Rückenteil ist also ein bißchen länger als das Vorderteil.
Nähe die Schulternähte (rechts auf rechts liegend) mit Überwendlichstichen zusammen.
Lege den Ausschnittrand in der Lochreihe nach innen um und säume ihn in den abgeketteten Maschen mit ganz lockeren Stichen an.
Für die *Blenden* (Streifen) am Armausschnitt schlägst du 80 Maschen an und strickst im Streifenmuster (1 Masche rechts, 1 Masche links) einen Streifen aus 6 Reihen. Kette

alle Maschen ab. Stricke aber auch beim Abketten 1 Masche rechts, 1 Masche links. Stricke die zweite Blende genauso. Nähe die Blenden von rechts mit feinen Stichen am Knötchenrand an den Armausschnitt. Die kurzen Seitenkanten der Blenden nähst du an die abgeketteten Maschen unten am Armausschnitt. *Blenden* kann man auch *anstricken.* Die Arbeitsprobe auf Seite 132 zeigt, wie die Randmaschen des Knötchenrands auf die Stricknadel aufgenommen werden. Um auch hier die nötigen 80 Blendenmaschen zu erreichen, müssen in der 1. Reihe Maschen (aus jeder 3. aufgenommenen Masche) zusätzlich herausgestrickt werden. Danach strickst du noch 5 Reihen im Streifenmuster, kettest ab (1 Masche rechts, 1 Masche links) und nähst die kurzen seitlichen Blendenkanten fest, wie bereits beschrieben wurde. Das *Zackenmuster* wird mit weißer Wolle aufgestickt. Die Maschenstiche reichen jeweils über 2 Strickmaschen (wie beim Poncho, Seite 124). Sticke nach der Musterprobe Seite 131, zuerst die untere Zackenreihe im roten Streifen, dann die oberen

Zacken im blauen Streifen. Zähle vorher die Maschen ab, damit die Kanten an beiden Seiten gleichmäßig abschließen.

PULLOVER FÜR DEN PUPPENJUNGEN

Du brauchst dazu:
je 30 g feines Wollgarn in drei

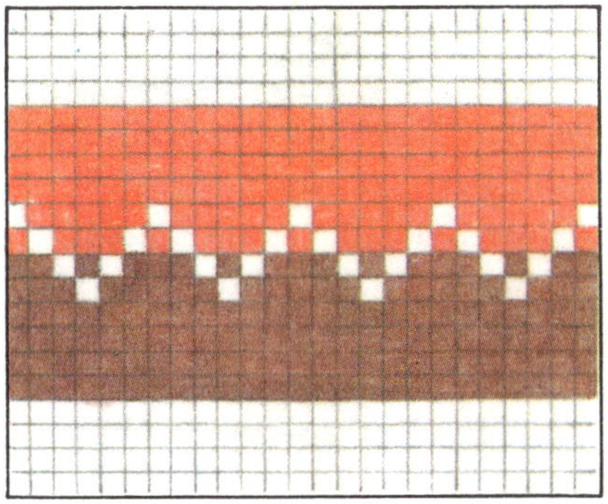

verschiedenen Farben (weiß, rot, dunkelrot),
2 kleine Knöpfe,
2 Stricknadeln aus dem Spiel Nr. 2½.
Gestrickt wird obenauf rechts in hin- und hergehenden Reihen. Ärmelbündchen und unterer Rand sind im Streifenmuster gestrickt (1 Masche rechts, 1 Masche links). Arbeite den Knötchenrand beim Wenden. Der Pullover ist genauso gearbeitet wie der Westover (↑ Seite 131). Vorder- und Rückenteil und die Ärmel sind ganz gerade gestrickt. Er paßt einer 35 cm großen Puppe. Beginne am unteren Rand des *Vorderteils.* Maschenanschlag: 41 Maschen. Stricke 8 Reihen im Streifenmuster (1 Masche rechts, 1 Masche links). Dann folgen (obenauf rechts, also Rückreihen links) gleichmäßig breite Streifen aus je 6 Reihen: weiß, rot, dunkelrot. Nach dem 7. Streifen (weiß) bist du an der Schulter angelangt. In der folgenden Hinreihe (noch immer weiß!) strickst du 7 Maschen rechts (Schulter) und kettest 27 Maschen ab (vorderer Halsausschnitt). Danach strickst du die restlichen 7 Maschen (zweite Schulter). In der Rückreihe strickst du 7 Maschen (links) und strickst gleich anschließend 27 Maschen für den hinteren Halsausschnitt wieder auf. Es folgen dann die 7 Maschen der zweiten Schulter. Der Halsausschnitt muß so weit sein, damit der Kopf gut hindurchpaßt.
Nun arbeitest du das Rückenteil in Streifen weiter. Achte nur auf die richtige Reihenfolge der Farben: weiß, dunkelrot, rot, weiß, dunkelrot, rot, weiß. Dann folgt zum Schluß das Streifenmuster in Weiß (8 Reihen). Bevor du die Seitennähte schließt, strickst du die *Ärmel* an. Aus dem Knötchenrand (oberhalb des ersten dunkelroten Streifens) nimmst du 32 Maschen auf die Nadel (↑ Abb. Seite 133). Stricke 4 Streifen aus je 6 Reihen: weiß, dunkelrot, rot, weiß. Danach strickst du im Streifenmuster (1 Masche rechts, 1 Masche links) das Bündchen. In der ersten Reihe strickst du viermal 2 Maschen zusammen. Nach 8 Reihen kettest du das Bündchen ab. Stricke den zweiten Ärmel ebenso. Nähe die unteren Ärmelnähte und die Seitennähte fortlaufend von links zusammen.
Den *Halsausschnitt* umhäkelst du mit festen Maschen. Links und rechts am vorderen Halsausschnitt arbeitest du 1 cm von der Schulter entfernt eine Öse zum Knöpfen. Am Rückenteil nähst du links und rechts die beiden Knöpfe an.
Die weiße *Zickzackkante* ist mit Maschenstichen nach dem Zählmuster Seite 133 aufgestickt. Die Zackenlinie reicht über die beiden farbigen Streifen. Der Stich greift immer nur um 1 Masche herum.
Den Pullover kannst du auch größer stricken; die Farben und die Anordnung der Streifen lassen sich leicht verändern. Willst du den Pullover aber sehr vergrößern, solltest du eine Musterprobe stricken und danach den benötigten Maschenanschlag errechnen.

DICKE WINTERSOCKEN

Handgestrickte Socken für den Wintersport sind nicht zu verachten. Nach derselben Anleitung werden auch Hüttenschuhe gestrickt.
Du brauchst für Socken Größe 20:
100 bis 150 g mittelstarkes Wollgarn,
einen Rest Wollgarn in anderer Farbe,
1 Nadelspiel Nr. 3.

Begonnen wird am oberen Rand des *Bündchens.* Maschenanschlag: 56 Maschen. Verteile sie auf vier Nadeln. Stricke in Runden im Streifenmuster: 2 Maschen rechts, 2 Maschen links im Wechsel. Wir haben die Ringel folgendermaßen gestrickt: 6 Runden helles Garn, 5 Runden rot, danach im Wechsel fünfmal 2 Runden hell, 2 Runden rot. Zum Schluß noch einmal 6 Runden hell. Beim Farbwechsel bleibt der nicht gebrauchte Faden hängen. Ferse und Fußteil werden glatt rechts gestrickt.

Ferse. Stricke die Maschen der 1. und der 2. Nadel auf eine Nadel ab. Die Maschen der 3. und 4. Nadel bleiben liegen. Mit den 28 Maschen von den ersten beiden Nadeln wird die Ferse in hin- und hergehenden Reihen obenauf rechts gestrickt. Beim Wenden strickst du den Kettenrand. In den Hinreihen strickst du die 2. und 3. Masche und die letzten beiden vor der Randmasche (die 26. und 27. Masche) links. Dadurch bildet sich links und rechts an der Ferse das „Nähtchen". Die Abbildung zeigt das „Nähtchen" und auch das „Käppchen" der Ferse. Außerdem siehst du, wie an der fertigen Ferse die Randmaschen aufgenommen werden, damit der Füßling gestrickt werden kann. Die Ferse beendest du mit der 28. Reihe. Mit dem „Käppchen" oder dem „Deckel" wird die Ferse abgeschlossen.

Käppchen. Teile die Fersenmaschen in drei Teile: 9, 10 und 9 Maschen. In der folgenden Rückreihe strickst du 18 Maschen links. Die 19. und die 20. Masche strickst du links zusammen. Wenden. Hebe die zusammengestrickte Masche ab wie zum Rechtsstricken, stricke 8 Maschen rechts und die folgenden beiden Maschen überzogen zusammen. Wenden. Hebe die 1. Masche mit nach vorn gelegtem Faden ab, stricke 8 Maschen links und die folgenden 2 Maschen links zusammen. Wenden. 1. Masche abheben, 8 Maschen stricken und die folgenden beiden überzogen zusammenstricken. So arbeitest du weiter, bis die beiden äußeren Drittel Maschen aufgebraucht sind. Das Käppchen ist fertig.

Füßling. Zuerst nimmst du die hinteren Glieder von den Kettenmaschen der Ferse auf je eine Nadel. Sieh dir noch einmal die Abbildung an. Anschließend strickst du die Maschen des Käppchens (rechts) und die Maschen des linken Fersenrandes rechts verschränkt ab. Dann folgen die Maschen auf den bis jetzt liegen gelassenen beiden Nadeln. Daran anschließend (rechts verschränkt) strickst du die Maschen des rechten Fersenrandes ab und auf diese Nadel noch 5 Maschen vom Käppchen. Der Anfang der nächsten Runde liegt jetzt in der Mitte des Käppchens. Nun wird in Runden mit rechten Maschen weitergearbeitet. Auf der 1. und der letzten Nadel hast du je 5 Maschen zuviel. Diese müssen abgenommen werden, damit der Füßling nicht zu weit wird. Stricke in jeder dritten folgenden Runde die letzten beiden Maschen der 1. Nadel rechts zusammen. Die ersten beiden Maschen der 4. Nadel strickst du überzogen zusammen. Abgenommen wird so lange, bis auf allen 4 Nadeln dieselbe Maschenzahl liegt (14). Sollte der Füßling für deinen Fuß immer noch zu weit sein (Probiere!), nimmst du noch 2 Maschen an jeder Seite ab und verteilst dann die Maschen gleichmäßig auf die 4 Nadeln. Stricke in Runden weiter, bis der Strumpf über die Spitze

deiner kleinen Zehe reicht (Probiere!). Dann muß für die Spitze des Strumpfs abgenommen werden.
Spitze. Wir beschreiben die einfachste Strumpfspitzenform, die *Bandspitze.* Sie ist auch gut für Hüttenschuhe und für Fausthandschuhe geeignet. Bei der Bandspitze liegen die Abnehmestellen links und rechts außen. Stricke in der folgenden Runde die drittletzte und die vorletzte Masche der 1. Nadel rechts zusammen. Die 2. und 3. Masche der 2. Nadel strickst du überzogen zusammen. Die drittletzte und die vorletzte Masche der 3. Nadel wird wieder rechts zusammengestrickt, die 2. und 3. Masche der 4. Nadel dagegen überzogen zusammengestrickt. Die nächste Runde wird rechts abgestrickt. Dann folgen wieder eine Abnehmerunde und eine Runde rechte Maschen. Diese beiden Runden wiederholst du so lange, bis auf jeder Nadel nur noch 2 Maschen liegen. Diese 8 restlichen Maschen nähst du mit einer Naht im *Strickstich* zusammen.
(↑ Seite 142, Abb. c). Damit ist der erste Strumpf fertig. Probiere ihn an, ehe du den zweiten Strumpf beginnst.

FAUSTHANDSCHUHE

Du brauchst dazu:
etwa 50 g mittelstarkes Wollgarn,
einen andersfarbigen Wollgarnrest,
1 Nadelspiel Nr. 3.
Unsere Handschuhe messen vom Handgelenk bis zur Spitze (also ohne das Bündchen) 15 cm. Der Umfang (ohne Daumen) beträgt 16 cm. Wenn du an deiner Hand maßnimmst, mußt du 1 bis 2 cm zugeben, um die Größe des Handschuhs festzulegen. Wenn ein Handschuh zu eng sitzt, wärmt er nicht. Der Handschuh muß der Handform angepaßt sein. Lege deine Hand flach auf den Tisch. Du siehst, daß die Hand vom Gelenk bis zu den Fingerspitzen ohne den Daumen fast gerade verläuft. Für Daumenballen und Daumen müssen folglich Maschen zugenommen werden. Der Fausthandschuh wird am *Bündchen* begonnen. Maschenanschlag: 40 Maschen. Verteile sie gleichmäßig auf 4 Nadeln. Stricke das Bündchen im Rippenmuster (1 Masche rechts, 1 Masche links oder abwechselnd 2 Maschen rechts, 2 Maschen links). Unser Bündchen ist geringelt: 5 Runden rot, 2 Runden weiß, 3 Runden rot, 2 Runden weiß und 10 Runden rot. Selbstverständlich kannst du die Ringel breiter oder schmaler machen oder auch anders verteilen. Insgesamt sollten es aber 22 Runden sein.
Nun wird das *Handteil* mit dem *Daumenkeil* in Runden mit rechten Maschen gestrickt. Den Daumenkeil brauchst du, um Platz für den dicken Daumenballen zu haben. Beginne den Daumenkeil in der 3. Runde. Auf der 1. Nadel nimmst du zwischen der 1. und 2. Masche und zwischen der 3. und 4. Masche je 1 Umschlag auf die Nadel. In der folgenden Runde strickst du beide Umschläge rechts verschränkt ab. Die 3. Runde wird nur rechts gestrickt. Dann folgt wieder eine Zunehmerunde:
1 Masche stricken, 1 Umschlag,
4 Maschen stricken,
1 Umschlag, danach die Runde zu Ende stricken und 2 Runden ohne zuzunehmen darüber.
Nimm insgesamt fünfmal zu, so daß der Keil mit den beiden Anfangsmaschen 12 Maschen breit ist. Nach der letzten durchgehenden Rechtsrunde nimmst du die 12 Keilmaschen auf 2 Sicherheitsnadeln. Aus

der letzten Masche der Runde strickst du 6 Maschen für den kleinen *Daumenzwickel* auf. Schließe die Runde (die Daumenkeilmaschen bleiben unbeachtet auf den Sicherheitsnadeln) und stricke in Rechtsrunden weiter. Die Maschen des kleinen Zwickels müssen wieder abgenommen werden: In der 2. und 3. Runde strickst du die ersten 2 Maschen des Zwikkels überzogen zusammen und die letzten beiden Zwickelmaschen rechts zusammen. Danach hast du 11 Maschen auf der letzten Nadel. Hebe 1 Masche auf die 1. Nadel hinüber. Jetzt müssen auf allen Nadeln wieder 10 Maschen sein. Stricke das *Handteil* in Runden weiter, bis es so lang ist (etwa 10 cm), daß es die Spitze des kleinen Fingers bedeckt. Jetzt beginnst du die *Handschuhspitze.* Sie wird genauso gestrickt wie die Strumpfspitze (↑ Seite 137): Du strickst in der nächsten und dann in jeder zweitfolgenden Runde die drittletzte und vorletzte Masche der 1. und der 3. Nadel rechts zusammen. Die 2. und 3. Masche der 2. und 4. Nadel werden überzogen zusammengestrickt. Überlege noch einmal, ehe du mit dem Abnehmen beginnst. Die Abnehmestellen müssen über dem Daumenkeil und genau gegenüber liegen, also außen. Vergiß nicht, nach der Abnehmerunde 1 Runde glatt rechts darüber zu stricken. Die letzten 8 Maschen nähst du mit der Stricknaht (↑ Seite 142, Abb. c) zusammen. Für den *Daumen* nimmst du die 12 Daumenkeilmaschen von den Sicherheitsnadeln auf 2 Stricknadeln. Mit der 3. Stricknadel nimmst du aus dem Zwickelrand 6 Maschen auf und strickst in Runden den Daumen. Ist er so lang, daß nur noch der halbe Daumennagel zu sehen ist, beginnt die *Daumenspitze.* Verteile die Maschen auf die 3 Nadeln so, daß auf der 1. Nadel 9, auf der 2. Nadel 5 und auf der letzten Nadel nur 4 Maschen liegen. Stricke die ersten 2 Maschen der 1. und der 2. Nadel rechts überzogen zusammen. Die letzten 2 Maschen der 1. und der 3. Nadel strickst du rechts zusammen. Darüber wird 1 Runde rechts gestrickt. Dreimal mußt du abnehmen, dann sind nur noch insgesamt 6 Maschen da. Diese nähst du wieder mit der Stricknaht zusammen.

Verstich den Faden gut, damit deine Arbeit sich nicht wieder auftrennt!
Stricke den zweiten Handschuh auf gleiche Weise.
Wenn es dir gefällt, kannst du auf die Oberseite der Handschuhe ein kleines Motiv im Strickstich aufsticken. Jeden Strickstich stickten wir über 2 Maschen.
Willst du größere oder kleinere Fausthandschuhe stricken, mußt du die Maschenanzahl für das Bündchen und für den Daumenkeil verändern. Für den Zwickel genügen bei kleinen Handschuhen 2 Maschen, bei großen brauchst du 8 bis 10 Zwickelmaschen. Wichtig aber ist, daß du die Zwickelmaschen wieder abnimmst und das Handteil mit der Zahl der Bündchenmaschen zu Ende strickst.

MUSTER FÜR FORTGESCHRITTENE

Patentmuster. Diese Art zu stricken ergibt eine sehr elastische, schmiegsame Strickerei. Sie eignet sich besonders für einfache Schnittformen. Wir erklären das *gleichseitige Patentmuster.* Es sieht auf der linken Seite genauso aus wie auf der rechten. So wird es gestrickt: Die 1. Masche wird immer abgehoben. Dann folgen im Wechsel 1 Masche rechts, die nächste Masche mit einem Umschlag wie zum Linksstricken abheben. Die letzte Masche wird in allen Reihen rechts abgestrickt. Die Rückreihe strickst du ebenso: Die Masche mit Umschlag strickst du rechts ab, die folgende Masche hebst du mit einem Umschlag wie zum Linksstricken ab. Probiere ein paar Reihen, dann erkennst du das gleichmäßige Patentmuster mit den dicken Rippen (Abb. 1).

Zweifarbiges Muster. Die farbigen Maschen liegen wie kleine Noppen obenauf. Beginne mit der Grundfarbe (wir nahmen helles Garn) und stricke 1 Reihe (Hinreihe) rechts und 1 Reihe (Rückreihe) links. In der 3. Reihe hebst du die 1. Masche ab und strickst in der zweiten Farbe (bei uns rot) die 2. Masche rechts. Die 3. Masche hebst du mit einem Umschlag ab. So geht es im Wechsel weiter: 1 Masche rechts, 1 Masche mit Umschlag abheben, bis zum Ende der Reihe. In der 4. Reihe (Rückreihe) strickst du mit der zweiten Farbe (rot) alle links

1

2

3

4

erscheinenden Maschen links ab, alle Maschen mit Umschlag hebst du mit einem neuen Umschlag ab, so daß mit dieser Masche 2 Umschläge auf der Nadel liegen. Die 5. Reihe wird mit der Grundfarbe rechts abgestrickt. Die Maschen mit den beiden Umschlägen werden zusammen rechts abgestrickt. Die 6. Reihe wird in der Grundfarbe links gestrickt. Die 3. bis 6. Reihe werden fortlaufend wiederholt, dabei wird aber das Muster versetzt: Über die Maschen mit den Umschlägen kommen rechte Maschen, über den rechten Maschen in der vorangegangenen Musterreihe stehen die Maschen mit den Umschlägen (Abb. 2).

Muster mit Kreuzmaschen. Die folgenden beiden Muster sind mit *„Kreuzmaschen"* gestrickt. Sie ähneln den Zopfmustern, sind aber nur schmal. So wird die Kreuzmasche gestrickt: Stich in die 1. Masche wie zum Linksstricken ein. In die folgende Masche stichst du wie zum Rechtsstricken ein, holst sie durch die 1. Masche hindurch und strickst sie rechts ab. Die 1. Masche, die noch auf der linken Nadel liegt, strickst du danach rechts verschränkt ab.

1. Musterbeispiel: Stricke in der

1. Reihe (Hinreihe) fortlaufend 1 Masche links und 2 Maschen rechts. In der 2. Reihe (Rückreihe) strickst du 2 Maschen links und 1 Masche rechts. In der 3. Reihe verkreuzt du die beiden rechten Maschen so, wie wir beschrieben haben. In der 4. Reihe (Rückreihe) werden wieder 2 Maschen links, 1 Masche rechts gestrickt. Diese 4 Reihen werden fortlaufend wiederholt (Abb. 3).

2. Musterbeispiel: Hier liegen 2 Kreuzmaschen nebeneinander. 1. Reihe (Hinreihe): 2 Maschen links, 4 Maschen rechts. 2. Reihe (Rückreihe): 4 Maschen links, 2 Maschen rechts. 3. Reihe (Hinreihe): 2 Maschen links, die 1. und 2. und die 3. und 4. Rechtsmasche verkreuzt abstricken. 4. Reihe: 4 Maschen links, 2 Maschen rechts.
Die 1. bis 4. Reihe werden fortlaufend wiederholt (Abb. 4).

ZUSAMMENNÄHEN VON GESTRICKTEN TEILEN

Puppensachen und alle kleinen Strickteile nähst du am besten von links mit kleinen *Überwendlichstichen* zusammen. Dazu legst du die Teile rechts auf rechts so, daß die Nahtkanten genau aufeinanderliegen. Stecke sie mit wenigen Stecknadeln fest. Benutze zum Nähen das verwendete Strickgarn und eine Stopf- oder Sticknadel. Nährichtung: von links nach rechts. Am Anfang der Naht ziehst du den Faden auf der Unterseite erst durch einige Maschen hindurch und befestigst ihn mit einem Rückstich. Stich dann die Nadel von unten nach oben durch die Randmaschen der Strickteile. So nähst du fortlaufend weiter und erfaßt immer die nächsten beiden Randmaschen. Achte darauf, daß du die Naht nicht dehnst. Am Ende der Naht stichst du den Faden noch einmal durch die letzten Randmaschen und ziehst ihn durch einige Maschenglieder, bevor du ihn abschneidest (↑ Abb. b, Seite 142).

Größere Teile, wenn sie nicht zu dick sind, kannst du mit *Rückstichnaht* zusammennähen. Lege die Teile rechts auf rechts aufeinander, stecke die Nahtränder mit einigen Stecknadeln zusammen und befestige den Anfangsfaden wie beschrieben. Beginne aber an der rechten Seite. Die Rückstichnaht verläuft von rechts nach links. Stich den Faden von unten nach oben durch die 2. Randmaschen, führe die Nadel nach rechts zurück, stich durch die 1. Randmaschen nach unten durch und dann durch die 3. Randmaschen von unten wieder nach oben. Der nächste Stich führt zurück durch die 2. Maschen und kommt in den 4. Maschen wieder nach oben. Verstich am Ende der Naht den Faden (↑ Abb. a, Seite 142).

Man kann gestrickte Teile auch auf der *rechten Seite* zusammennähen. Diese Naht eignet sich besonders für Rippenmuster und für sehr dicke Strickteile. Lege die beiden Nahtränder aneinander und nimm nach der Befestigung des Fadens abwechselnd 2 Querfäden des linken Teils und 2 Querfäden des rechten Teils mit der Stopfnadel auf. Erst nach einigen Stichen ziehst du den Faden an, aber nicht zu straff.

Die Naht im Strickstich ist besonders dehnbar. Man wählt sie dann, wenn Maschen der letzten Reihe (oder Runde) nicht abgekettet werden, zum Beispiel bei der Bandspitze am Strumpf oder am Fausthandschuh. Lege die Teile mit den zusammenzunähenden Maschen aneinander und nimm im Wechsel 2 Maschenglieder des einen Teils (der einen Seite) und 2 Maschenglieder des anderen Teils (der anderen Seite) auf die Stopfnadel (↑ Abb. c). Ziehe den Nähfaden nicht zu fest an. Lasse die Stricknadeln am besten noch in den Maschen stecken, während du den Strickstich nähst und ziehe sie Masche für Masche heraus. Sonst könnte es „Laufmaschen" geben.

Laufmaschen? Sollte es dir während des Strickens einmal passieren, daß eine Masche von der Nadel gefallen und hinuntergelaufen ist, dann kannst du dir helfen: Lege die Arbeit so, daß die „gefallene" Masche obenauf als Rechtsmasche erscheint. Nimm die Häkelnadel, fange die Masche mit der Nadel und häkle sie über die frei liegenden Querfäden nach oben.

Im Muster ist das Aufhäkeln schwieriger. Dann wendest du die Arbeit am besten immer wieder so, daß du stets Rechtsmaschen hochhäkeln kannst. Schaffst du das nicht, hilft nur noch Trennen. Das *Auftrennen* erfordert Geduld. Arbeite langsam, sonst hast du viele Laufmaschen, und all deine Mühe war umsonst. Das wollen wir dir nicht wünschen!

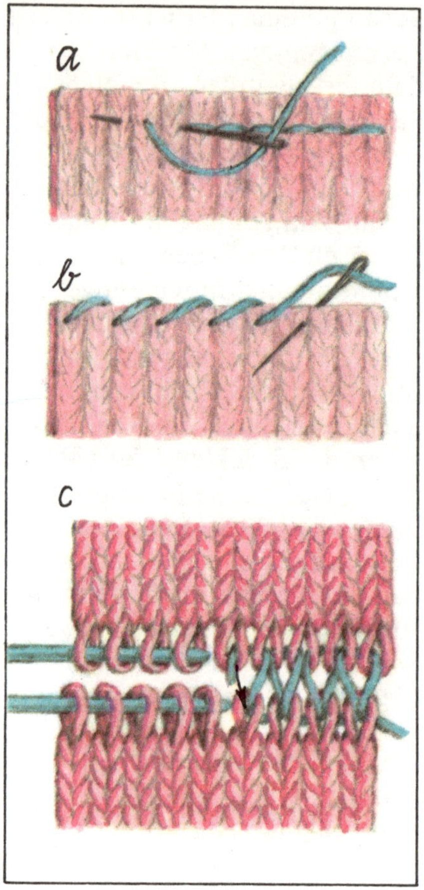

Wir sind am Ende unseres Strickkapitels angelangt. Du hast tüchtig geübt und bist schon lange kein Anfänger mehr. Weitere Anregungen findest du in Mode- und Handarbeitsheften.

Hast du Wünsche oder Fragen zu unserem Buch, dann schreibe uns bald.

Verlag für die Frau
Postfach 1005 oder 1025
Leipzig
7010

Register

abketten 104
abnehmen
– beim Häkeln 60
– beim Stricken 107, 126
Armreifen wickeln 7

Ballnetz häkeln 66
Bänder flechten 12
Bild kleben 25
Bildteppich weben 38
Bindungen 31
Blenden
– häkeln 71
– stricken 132
Blüschen stricken 128
Borten häkeln 97, 98

Doppelstäbchen 52
Dreifachstäbchen 53

einfache Stäbchen 51
Entwurf 27

Fäden
– wickeln 6
– kleben 25
Farbwechsel beim Häkeln 76
Fausthandschuhe stricken 137
feste Maschen 50
flechten 12
– Bänder 12
– Gürtel 13
– Schnüre 12
Formen häkeln 59
– runde 83
Fransen 19, 21

gehäkelte Formen 59, 83
Gürtel
– flechten 12
– häkeln 55
– wickeln 6

Häkelgarn 46
Häkelmuster 53, 77
Häkelmaschen 49
– Doppelstäbchen 52
– Dreifachstäbchen 53
– feste Maschen 50
– halbe Stäbchen 51
– Kettenmaschen 50
– Luftmaschen 49
– Stäbchen 51
– Wendeluftmaschen 50
Häkeln 45
– Anfangsschlinge 47
– Handhaltung 47
– Material 46
– Nadeln 46
häkeln, Formen 59, 83
Häkelschrift 75
halbe Stäbchen 51
Halsschmuck wickeln 6, 7, 8
Handhaltung
– beim Häkeln 47
– beim Stricken 101
Hausschuhe häkeln 63
Hose für Puppen
– häkeln 91, 95
– stricken 117, 123
Jäckchen für Puppen
– häkeln 65, 92
– stricken 119

Kettenmaschen 50
Kettfäden 30
Kleid für Puppen häkeln 73, 92, 93, 96
knüpfen
– Flächen 28
– Fransen 19
– Schnüre 18
Köperbindung 32
Kopftuch 109
Kragen häkeln 89

Leinwandbindung 31
Luftmasche 49

Maschenanschlag 101, 110, 111
Maschenarten
– beim Häkeln 49
– beim Stricken 103
Maschen aufstricken 110
Maschen beim Häkeln 49
– Doppelstäbchen 52
– Dreifachstäbchen 53
– feste Maschen 50
– halbe Stäbchen 51
– Kettenmaschen 50
– Stäbchen 51
– Wendeluftmaschen 50
Maschen beim Stricken 103
– linke Maschen 104
– Randmaschen 106
– rechte Maschen 103
– verschränkte Maschen 106

Maschenprobe 110
Maschenstich 141
Maschensymbole 53, 126
Müffchen häkeln 67
Musterdetail 53
Muster
- häkeln 53, 77
- stricken 105, 127, 128, 130, 139
Musterprobe 109
Mustersatz
- beim Häkeln 54, 57
- beim Stricken 127
Mütze
- häkeln 72, 77, 87, 92
- stricken 111, 120

Nadelspiel 111
Netzmütze 87

Ösen häkeln 55

Poncho
- häkeln 96
- stricken 124
Puppenkleidung häkeln 65, 68, 72, 73, 76, 77, 79, 90, 92, 95, 96
Puppenkleidung stricken 109, 111, 117, 118, 119, 123, 124, 127, 133

Quasten 9

Randmaschen beim Stricken 106
rechts stricken 105
Rippenmuster stricken 103
Rock stricken 117, 127
Rundflechten 14
Rundstricken 110
Rundweben 41, 44

Schal
- häkeln 72, 76
- stricken 111
Schlafsack stricken 117
Schnitt zum Häkeln 65, 73
Schnüre
- drehen 17
- flechten 11
- knoten 19
- knüpfen 18
Schußfäden 30
Socken stricken 134
Sonnenpulli häkeln 81
Spitzen stricken 136
Spitzendeckchen häkeln 86
Stäbchen 51
Stirnband häkeln 56, 67
Strahlenweberei 41
Stricken 99
- abnehmen 106
- glatt rechts 105
- linke Maschen 104
- Maschenanschlag 101, 110, 111
- Material 101
- Muster 105, 127, 128, 130, 139
- Nadeln 101
- rechte Maschen 103
- seitliche Ränder 106
- zunehmen 107
Strickmaschen sticken 124
Strickmuster 105, 127, 128, 130, 139
Strickschrift 126
Strumpfspitze 136

Taschen
- häkeln 55, 57, 87
- stricken 111
- weben 36, 41, 44
Teppiche
- kleben 25
- knüpfen 28
- weben 35, 38
Topflappen häkeln 62

Untersetzer 12, 17, 44

Weben 30
- Bindungen 31
- mit Naturmaterial 40, 41
- freies 38
Webmuster 31
Webrahmen 30, 31, 37, 40
Weste häkeln 69
Westover stricken 131
Wollpüppchen 21

Zäckchen 55
Zackenrand, doppelter 123, 132
zunehmen
- beim Häkeln 60
- beim Stricken 107
Zusammennähen von Strickteilen 141

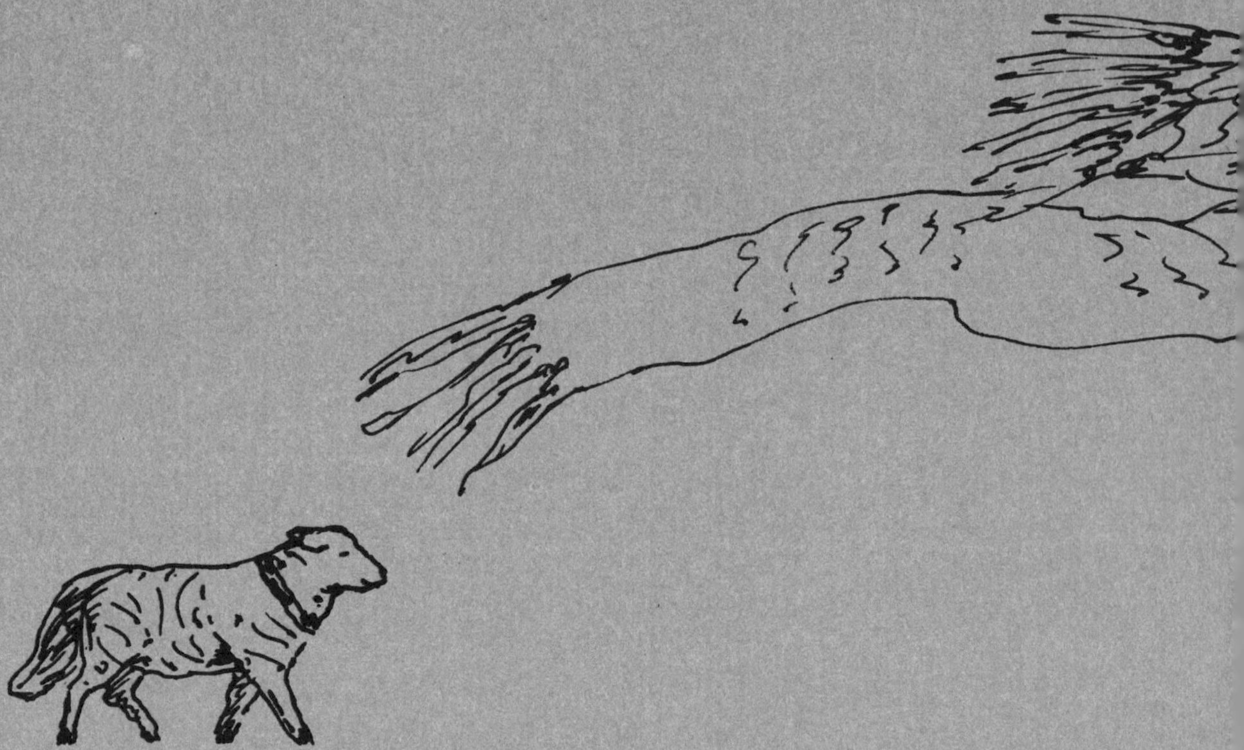